標準レベル 1

漢字の 読み (1)

1 つぎの ――の 漢字の 読み方を 書きましょう。(一つ 1点)

① 先生に 思った ことを 話す。
② 春の 里に 雪が ふる。
③ 冬の 原っぱを 走る。
④ 丸い 形を した 雲。
⑤ 親しい 友だちと 公園で 会う。
⑥ 夏休みには プールに 通う。

2 つぎの ――の 漢字の 読み方を 書きましょう。(一つ 2点)

① 妹は よく 人形と あそぶ。
② 書店で 本を 買う。
③ 家から 友だちに 電話を する。
④ 星が 出る 方角を たしかめる。
⑤ 室内で すきな 歌を 口ずさむ。
⑥ 新聞の ニュースを 読む。

3 つぎの ――の 漢字の 読み方を 書きましょう。(一つ 1点)

① せが 高い。 / 高校で 学ぶ。
② 広い いえ。 / 広大な うちゅう
③ ぬのじを 切る。 / 木を 切だんする。
④ 同じ ことを する。 / 同名の 人。
⑤ 空が 晴れる。 / 晴天の 日。

4 つぎの ――の 漢字の 読み方を 書きましょう。(一つ 1点)

① 光を はっする。 / ランプが 光る。 / まぶしい 日光。
② 楽しく はなす。 / 楽な しごと。 / 音楽を たのしむ。
③ 夜に ねむる。 / 夜どおし ふる 雨。 / しん夜に おきる。

時間 15分
合かく 40点
とく点 　　50点
シール
べん強した日（ 月 日）

JN075699

上級レベル 2

漢字の読み (1)

べん強した日（ 月 日）

時間 15分

合かく 40点

とく点 ／50点

シール

1 つぎの――の漢字の読み方を書きましょう。（一つ1点）

① 紙に 黒い 線を 引く。

② 鳥が 木の 上で 鳴く。

③ 寺の 池には、魚が いる。

④ お店で やさいと 肉を かう。

⑤ 強い 体に、やさしい 心。

⑥ 米や 麦を 作る。

2 つぎの――の漢字の読み方を書きましょう。（一つ1点）

① 台地の 上の 古い いえ。

② 会うのは、何時に しようか。

③ 遠足が 今から 楽しみだ。

④ 校門から 外へ 出る。

⑤ 近くの 公園で 弟と あそぶ。

⑥ 算数を 兄に 教えて もらう。

3 つぎの――の漢字の読み方を書きましょう。（一つ2点）

① 気持ちを 明らかに する。

② 自ら すすんで 来る。

③ 時間を 正しく 計る。

④ しんじる ことを 行う。

⑤ 友だちに 交じって あそぶ。

⑥ 紙を 細かく ちぎる。

⑦ 体が だんだん 弱る。

4 つぎの――の漢字の読み方を書きましょう。（一つ1点）

① 回転するように、よく 回す。

② 正しい 解答を 答える。

③ 日記に できごとを 記す。

④ 夕食に カレーを 食べる。

⑤ 半分に 切って、分ける。

標準レベル 3

漢字の 読み (2)

べん強した日（　月　日）

時間 15分
合かく 40点
とく点 ／50点
シール

1 つぎの ——の 漢字の 読み方を 書きましょう。（一つ1点）

①（　）谷へ おりて、（　）岩場に 出る。

②（　）細い（　）川を（　）歩いて わたる。

③（　）牛が、おもい（　）車を（　）引く。

④（　）船が しだいに（　）遠ざかる。

⑤（　）強い 風が（　）当たる。

⑥（　）弓に（　）矢を つがえる。

2 つぎの 漢字の 読み方を 二つずつ 書きましょう。（一つ1点）

（れい）書（しょ）（かく）

① 歌（　）（　う）

② 帰（　）（　る）

③ 用（　）（いる）

④ 近（　）（　い）

⑤ 多（　）（　い）

⑥ 場（　）（　）

⑦ 野（　）（　）

⑧ 鳴（　）（　く）

⑨ 聞（　）（　く）

3 つぎの 漢字の 読み方を 二つずつ 書きましょう。（一もん1点）

① 東　西　南　北

② 春　夏　秋　冬

4 つぎの 漢字の 読み方を 書きましょう。（一つ1点）

① 楽園
② 直線
③ 強風
④ 門番
⑤ 作画
⑥ 公海
⑦ 電池
⑧ 読書
⑨ 週間
⑩ 昼夜
⑪ 馬力
⑫ 曜日

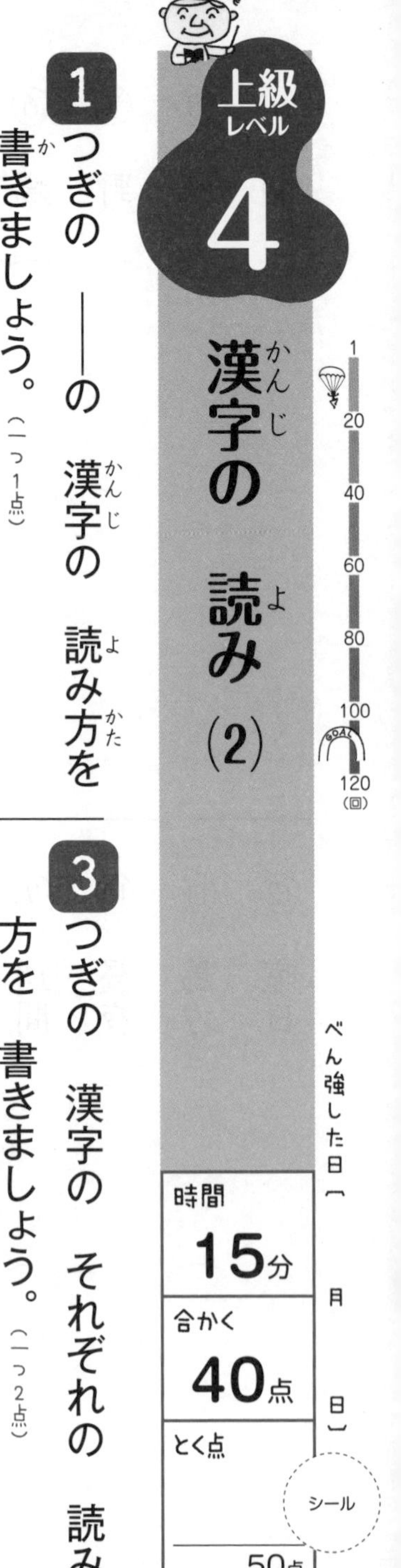

1 つぎの――の漢字の読み方を書きましょう。（一つ1点）

① 明るい　月の　光が　道を　てらす。

② 先生に　新しい　漢字の　書き方を　教えて　もらう。

③ 大きな　池の　中の　白い　鳥。

④ 広い　通りに　めんした　店。

⑤ 夏休みに　父や　母と　いっしょに、山に　のぼります。

2 つぎの――の漢字の読み方を書きましょう。（一つ1点）

① 理科と　それから　算数が　とくいです。

② 遠くに　いる　友だちに　手紙を　書く。

③ 汽車が　ゆっくり　海の　そばを　走る。

④ 兄は　今　外国に　います。

3 つぎの――の漢字のそれぞれの読み方を書きましょう。（一つ2点）

① 行
- ア 学校へ　行く。
- イ りっぱな　行い。
- ウ 通行止め。

② 間
- ア しばらくの　間。
- イ みじかい　時間。
- ウ やさしい　人間。

③ 形
- ア 円い　形。
- イ 図形を　かく。
- ウ かわいい　人形。

4 同じ　読み方を　する　ものを――で　むすびましょう。（一つ2点）

① 回・		・家
② 寺・		・心
③ 星・		・計
④ 新・		・晴
⑤ 形・		・絵
⑥ 歌・		・自

標準レベル

5 漢字(かんじ)の書(か)き (1)

1 つぎの ことばを 漢字(かんじ)で 書(か)きましょう。（一つ1点）

① □（ひろ）い　□（うみ）。

② □（あか）るい　□（ほし）。

③ □（とお）い　□（みち）。

④ □（ふる）い　□（てら）。

⑤ □（なが）い　□（ふゆ）。

⑥ □（むぎ）ごはんを　□（た）べる。

⑦ □（たの）しい　□（はなし）を　□（き）く。

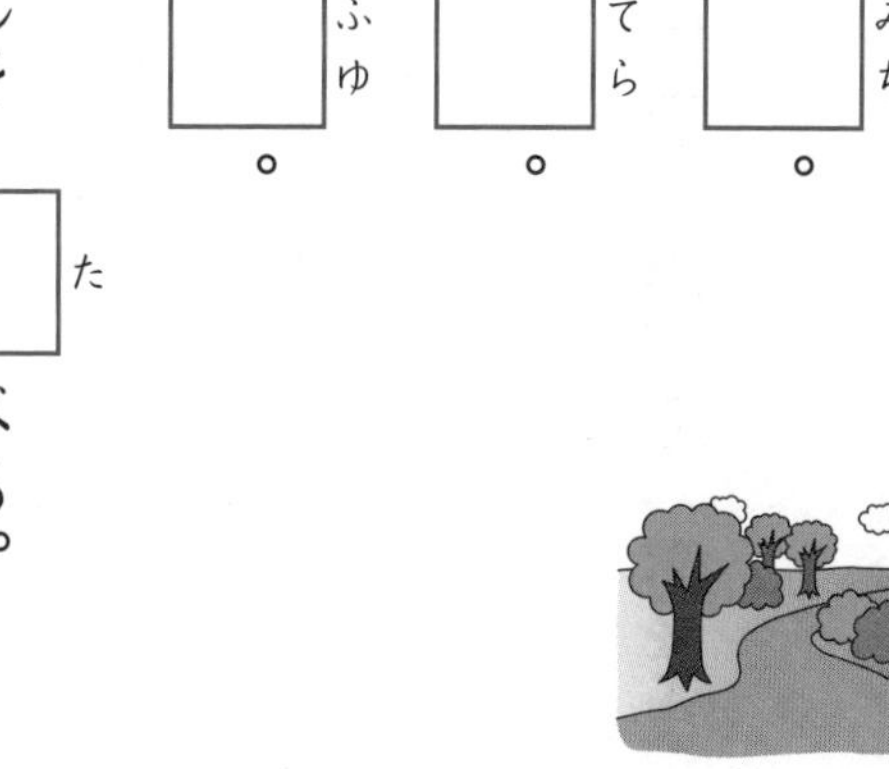

2 つぎの ことばを 漢字で 書きましょう。（一もん3点）

① とう　ざい　なん　ぼく

② しゅん　か　しゅう　とう

③ あさ　ひる　よる

3 つぎの ことばを 漢字で 書きましょう。（一つ1点）

① □（ごぜん）と　□（ごご）。

② □（かいが）と　□（おんがく）。

③ □（こくご）と　□（さんすう）。

④ □（まいしゅう）の　□（とうばん）。

⑤ □（ずこう）の　□（じかん）。

⑥ □（にちよう）の　□（きょうかい）。

⑦ □（がいこく）の　□（せいかつ）。

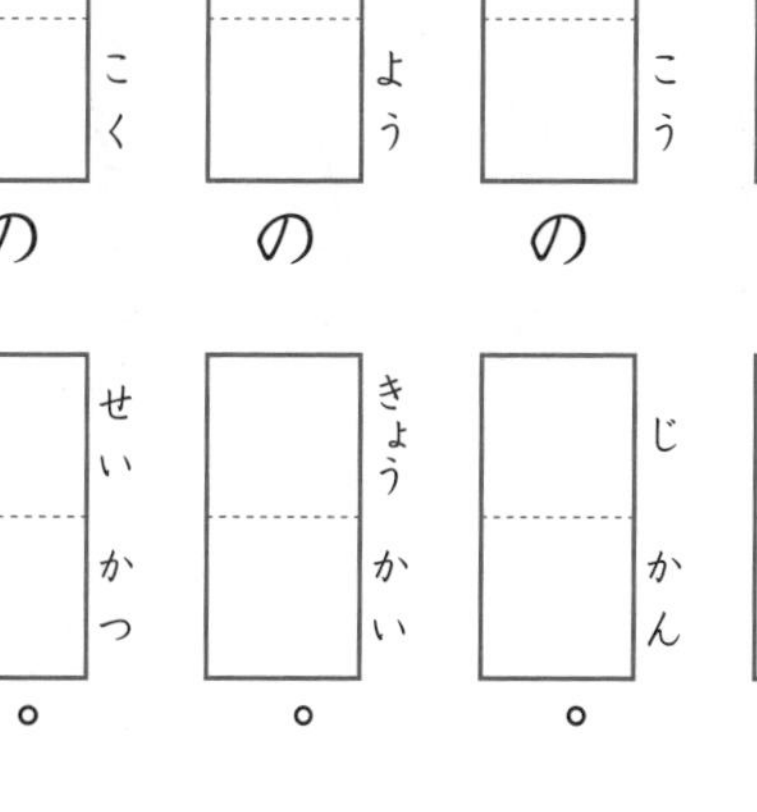

4 つぎの 読(よ)み方(かた)に あてはまる 漢字を、あとから えらんで 書きましょう。（一つ2点）

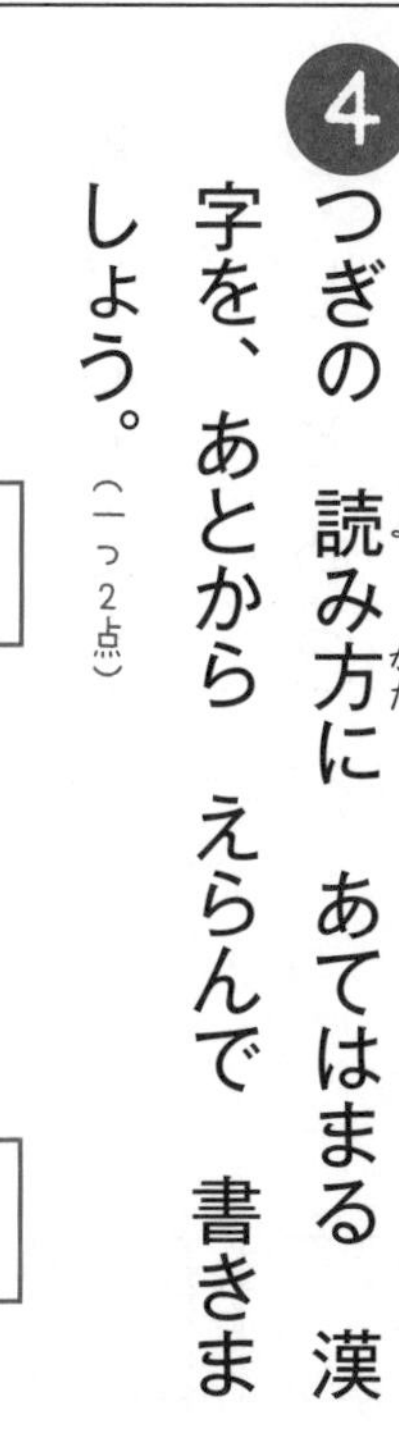

① か □　② げん □

③ こう □　④ し □

⑤ せい □　⑥ まい □

思　火　米　原　声　公

時間 15分

合かく 40点

とく点　　/50点

シール

べん強した日〔　月　日〕

1 20 40 60 80 100 120（回）

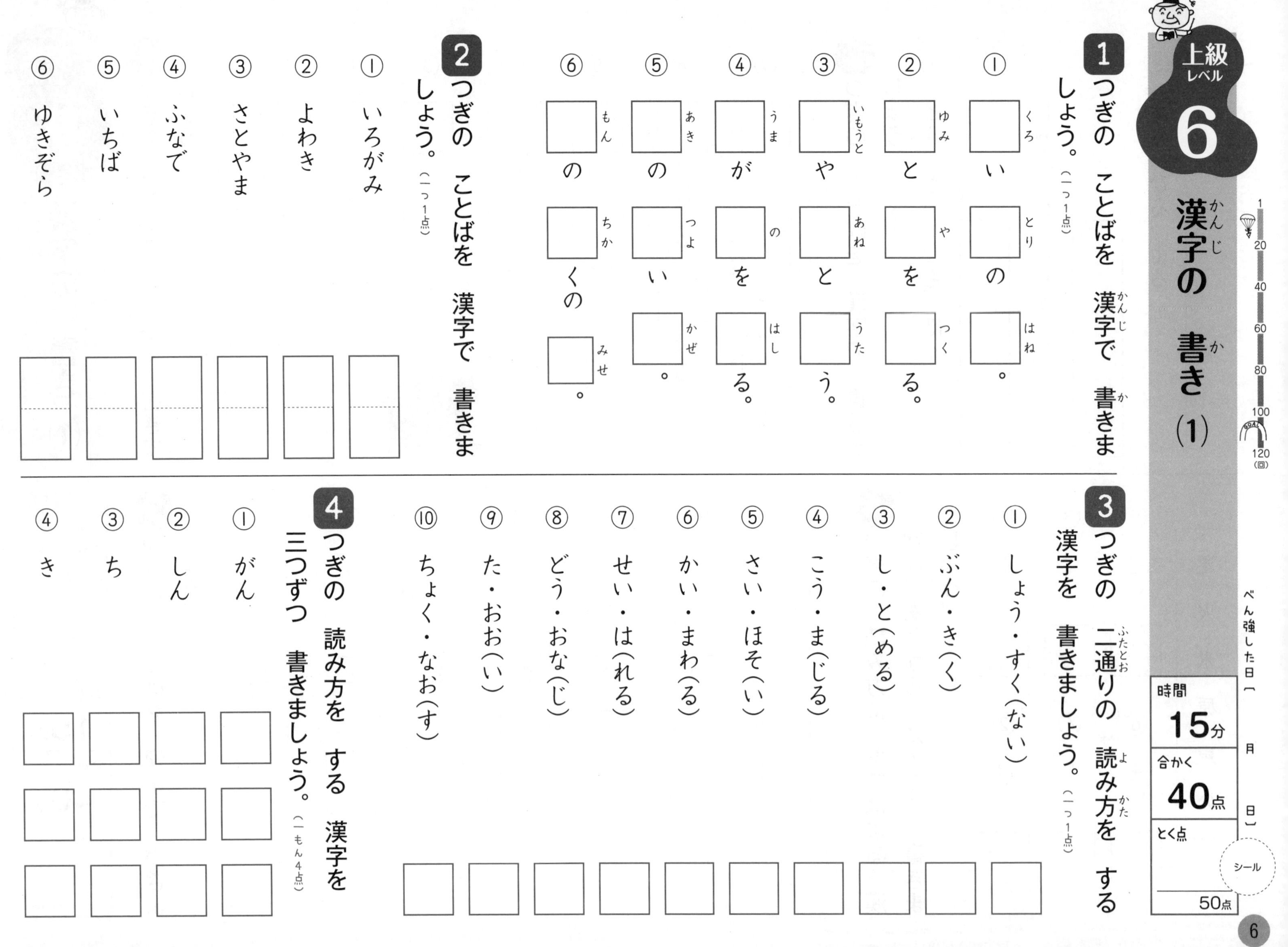

上級 レベル 6

漢字(かんじ)の 書き(か) (1)

時間 15分　合かく 40点　とく点 　/50点　シール

べん強した日（　月　日）

1 つぎの ことばを 漢字(かんじ)で 書き(か)ましょう。（一つ1点）

① □(くろ)い □(とり)の □(はね)。

② □(ゆみ)と □(や)を □(つく)る。

③ □(いもうと)や □(あね)と □(うた)う。

④ □(うま)が □(の)を □(はし)る。

⑤ □(あき)の □(つよ)い □(かぜ)。

⑥ □(もん)の □(ちか)くの □(みせ)。

2 つぎの ことばを 漢字で 書きましょう。（一つ1点）

① いろがみ □

② よわき □

③ さとやま □

④ ふなで □

⑤ いちば □

⑥ ゆきぞら □

3 つぎの 二通り(ふたとお)の 読み(よ)方(かた)を する 漢字を 書きましょう。（一つ1点）

① しょう・すく(ない) □

② ぶん・き(く) □

③ し・と(める) □

④ こう・ま(じる) □

⑤ さい・ほそ(い) □

⑥ かい・まわ(る) □

⑦ せい・は(れる) □

⑧ どう・おな(じ) □

⑨ た・おお(い) □

⑩ ちょく・なお(す) □

4 つぎの 読み方を する 漢字を 三つずつ 書きましょう。（一もん4点）

① がん □ □ □

② しん □ □ □

③ ち □ □ □

④ き □ □ □

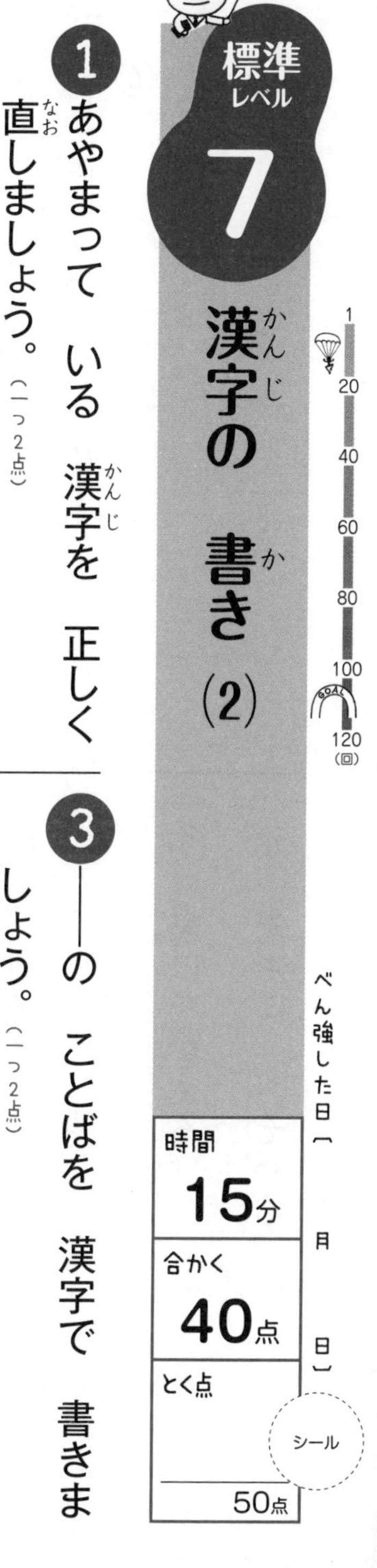

標準レベル 7 漢字の書き(2)

時間 15分　合かく 40点　とく点 ／50点

べん強した日（　月　日）

1 あやまっている漢字(かんじ)を正しく直(なお)しましょう。（一つ2点）

① 友だちに　合いに　行く。
② 正しく　形算を　する。
③ 昼色の　おべんとう。
④ にわとりが　外で　鳥く。
⑤ 里科の　じっけん。
⑥ 頭案(あん)用紙に　書く。

2 つぎの　ことばを　漢字で　書きましょう。（一もん2点）

① □(なんぽう)の□(くに)。
② □(きょうだい)の□(おも)いやり。
③ □(ぎゅうにく)を□(か)う。
④ □(せんとう)を□(はし)る。
⑤ □(にんぎょう)を□(つく)る。
⑥ □(めいぶん)を□(よ)む。

3 ―の　ことばを　漢字で　書きましょう。（一つ2点）

① むぎちゃを　のむ。
② けいかくを　立てる。
③ かおいろが　いい。
④ こんしゅうの　よてい。
⑤ しつないに　入る。
⑥ ばいてんで　かう。

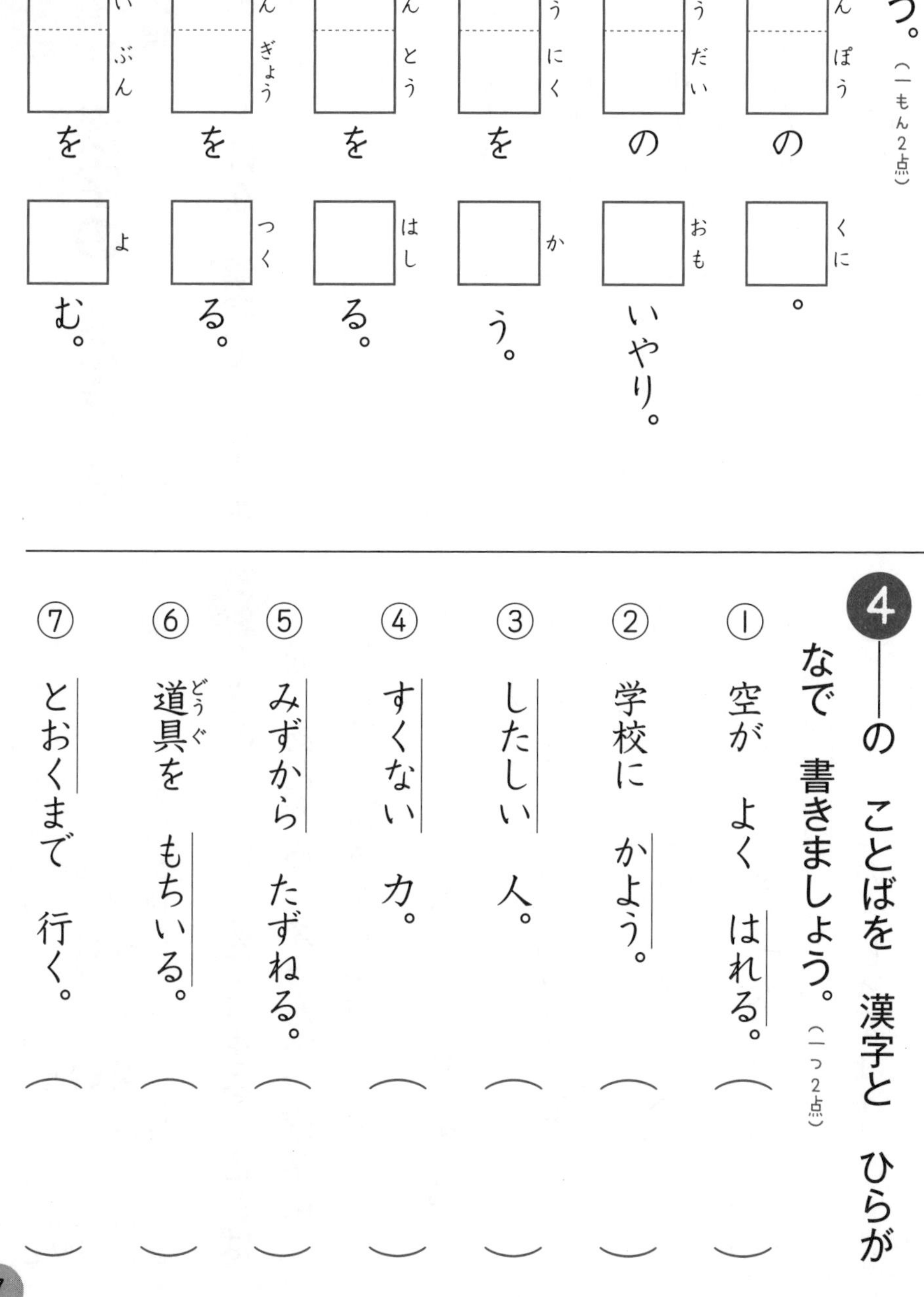

4 ―の　ことばを　漢字と　ひらがなで　書きましょう。（一つ2点）

① 空が　よく　はれる。（　　）
② 学校に　かよう。（　　）
③ したしい　人。（　　）
④ すくない　力。（　　）
⑤ みずから　たずねる。（　　）
⑥ 道具(どうぐ)を　もちいる。（　　）
⑦ とおくまで　行く。（　　）

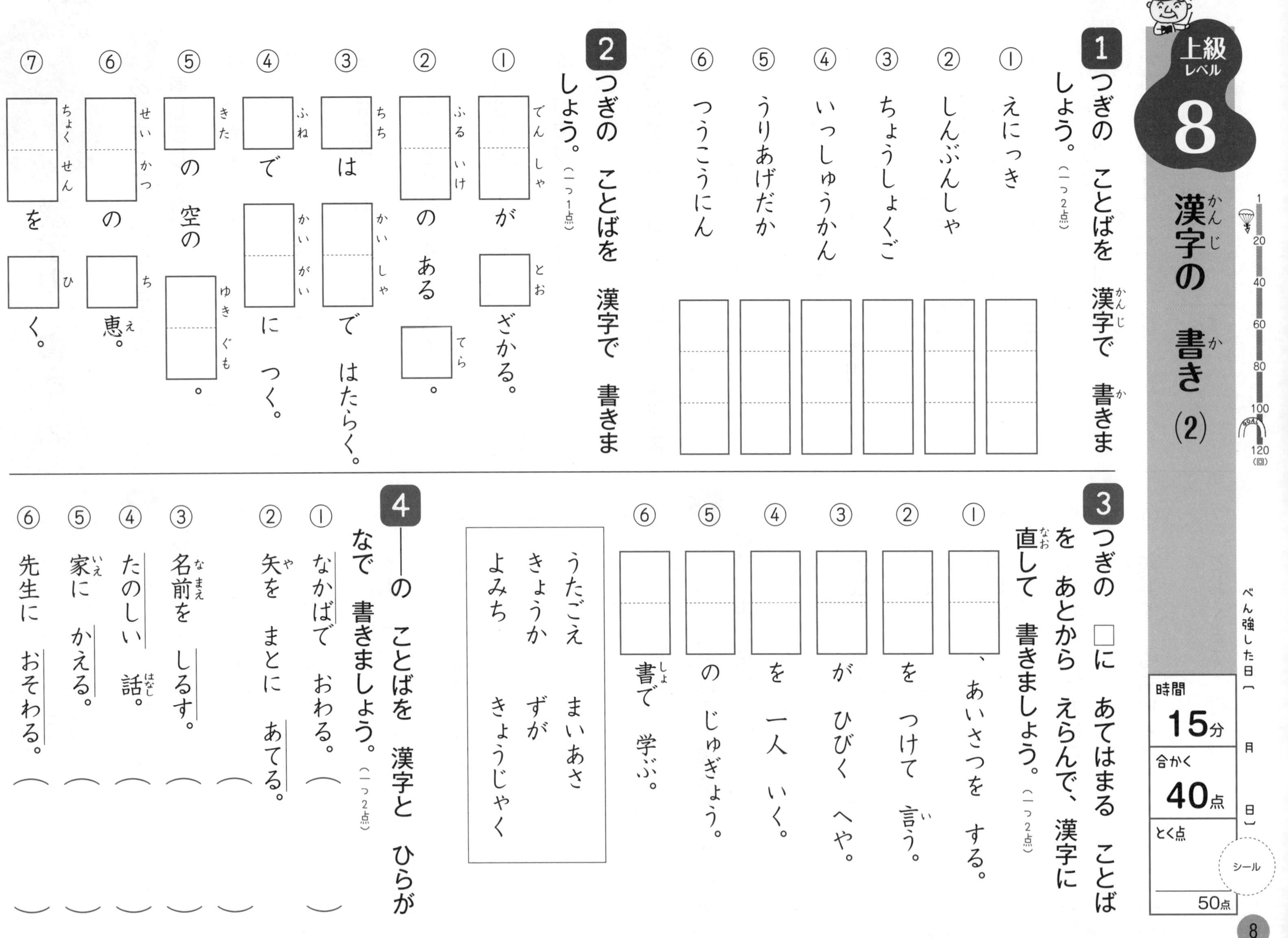

上級レベル

8 漢字(かんじ)の書(か)き (2)

1 つぎの ことばを 漢字(かんじ)で 書(か)きましょう。（一つ2点）

① えにっき □□□
② しんぶんしゃ □□□
③ ちょうしょくご □□□
④ いっしゅうかん □□□
⑤ うりあげだか □□□
⑥ つうこうにん □□□

2 つぎの ことばを 漢字で 書きましょう。（一つ1点）

① □□(でんしゃ)が □(とお)ざかる。
② □□(ふるいけ)の ある □(てら)。
③ □(ちち)は □□(かいしゃ)で はたらく。
④ □(ふね)で □□(かいがい)に つく。
⑤ □(きた)の 空の □□(ゆきぐも)。
⑥ □□(せいかつ)の □(ち)の 恵(え)。
⑦ □□(ちょくせん)を □(ひ)く。

3 つぎの □に あてはまる ことばを あとから えらんで、漢字に 直(なお)して 書きましょう。（一つ2点）

① □□、あいさつを する。
② □□を つけて 言(い)う。
③ □□が ひびく へや。
④ □□を 一人 いく。
⑤ □□の じゅぎょう。
⑥ □□書(しょ)で 学ぶ。

うたごえ　まいあさ きょうか　ずが よみち　きょうじゃく

4 ――の ことばを 漢字と ひらがなで 書きましょう。（一つ2点）

① なかばで おわる。（　　）
② 矢(や)を まとに あてる。（　　）
③ 名前(なまえ)を しるす。（　　）
④ たのしい 話(はなし)。（　　）
⑤ 家(いえ)に かえる。（　　）
⑥ 先生に おそわる。（　　）

時間 15分
合かく 40点
とく点 　　50点
シール
べん強した日（　月　日）

1 20 40 60 80 100 120（回）

標準レベル 9

かたかな

時間 15分　合かく 40点　とく点 /50点

べん強した日〔　月　日〕

1 つぎの □に かたかなを 書(か)きましょう。（一つ3点）

① らんどせる

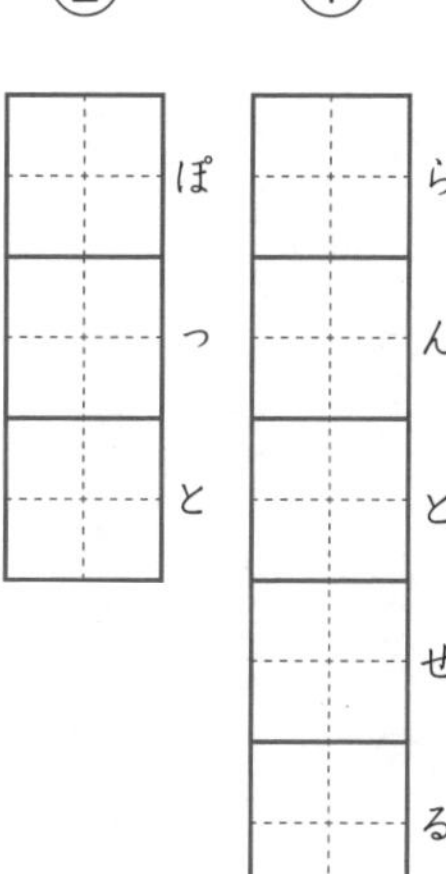

② ぽっと

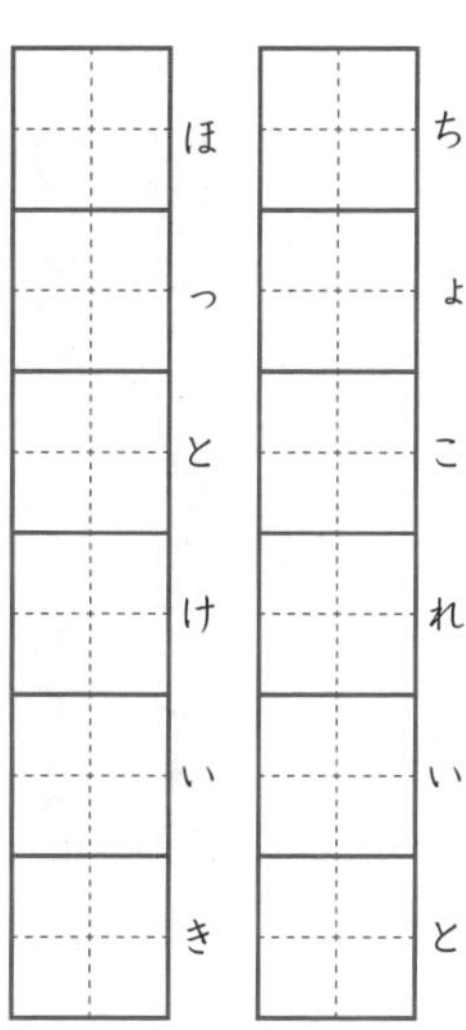

③ ちょこれいと

④ ほっとけいき

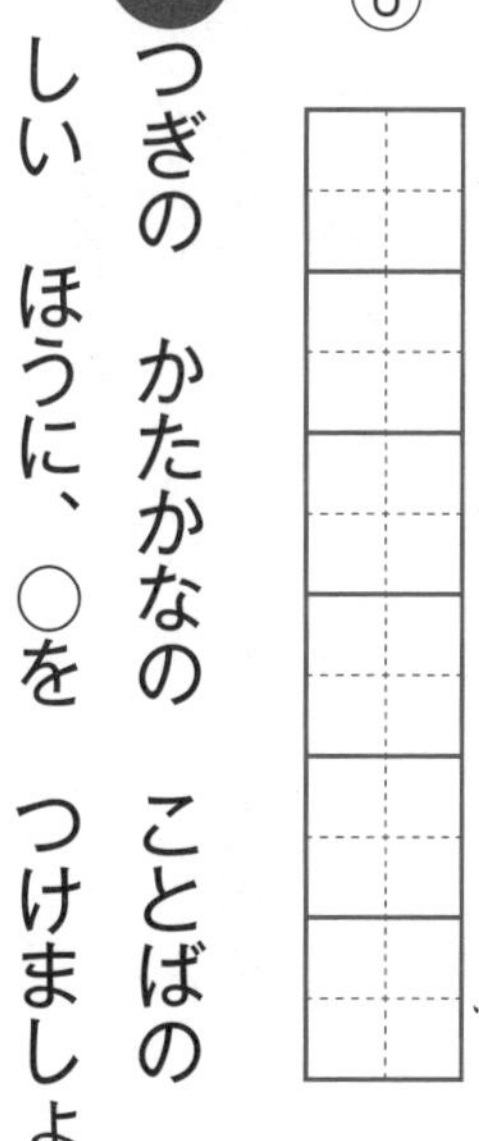

⑤ かあてん

⑥ ちゅうりっぷ

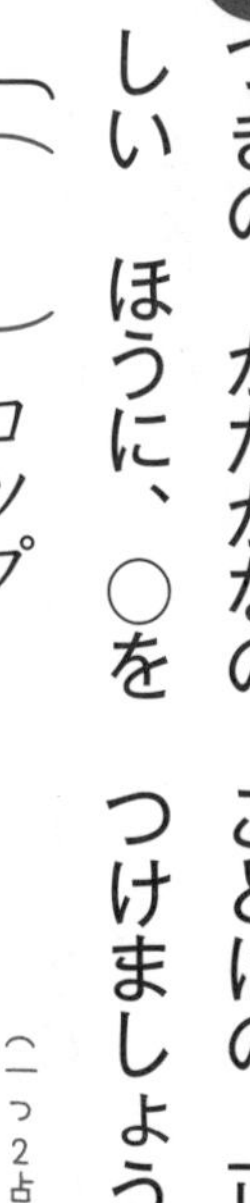

2 つぎの かたかなの ことばの 正しい ほうに、○を つけましょう。（一つ2点）

①（　）コツプ　（　）コップ

②（　）サッカー　（　）サッカ

③（　）ヘリコプタア　（　）ヘリコプター

④（　）ジュース　（　）ジユウス

⑤（　）コンピユウタア　（　）コンピューター

3 つぎの 文章(ぶんしょう)の（　）に 入る ことばを あとから えらんで、記号(きごう)で 答(こた)えましょう。（一つ3点）

かたかなには、いろいろな しゅるいが あります。

まず、「フランス」など、（　）を あらわす もの、「チリンチリン」のように（　）を あらわす もの、また、「リンカーン」のように（　）を あらわす ものが あります。

また、「バター」のように（　）も 数多(かずおお)く あります。

ア ものの 音

イ どうぶつの 鳴(な)き声(ごえ)

ウ 外国(がいこく)から 来(き)た もの

エ 外国の 人の 名前(なまえ)

オ 外国の 国名(こくめい)や 地名(ちめい)

4 かたかなで 書く ことばを さがして、直(なお)しましょう。（一つ5点）

① やおやさんで、きゅうりと きゃべつを かいました。

（　　　　）

② こうえんで たくさんの すずめが、ちゅんちゅん ないて いました。

（　　　　）

上級レベル 10 かたかな

1 つぎの ――の ことばを 正しく 直(なお)しましょう。(一つ2点)

① 姉(あね)は、毎日(まいにち) ヒアノを ひきます。（　　）

② わたしは、朝(あさ) シャワアを あびます。（　　）

③ お母(かあ)さんは、ポツトに おゆを 入れました。（　　）

④ わたしは、テエブルを きれいに ふきました。（　　）

⑤ 公園(こうえん)で ボオルを なげ合(あ)って あそびました。（　　）

⑥ ぼくは、シヤンプウを 頭(あたま)に つけました。（　　）

2 ――の ことばに あてはまる ものを、記号(きごう)で 答(こた)えましょう。(一つ2点)

① イギリスに 行(い)く。（　　）

② ワンワンと ほえる。（　　）

③ エジソンの 本を 読(よ)む。（　　）

④ カンカンと 鳴(な)る。（　　）

⑤ カステラを 食(た)べる。（　　）

ア ものの 音

イ どうぶつの 鳴(な)き声(ごえ)

ウ 外国(がいこく)から 来(き)た もの

エ 外国の 人の 名前(なまえ)

オ 外国の 国名(こくめい)

3 つぎの □に ちいさく 書(か)く かたかなを 書きましょう。(一つ2点)

(れい) シ[ャ]ベル

① キ□ンプ

② ロケ□ト

③ シ□ーズ

④ ソ□クス

⑤ チ□ーク

⑥ ニ□ーヨーク

4 かたかなで 書く ことばを 二つずつ さがして、直しましょう。(一つ2点)

① 外(そと)は、雨が ざあざあ ふっていたので、ぴんくの かさを さして 出かけました。（　　）（　　）

② とても 高(たか)い たわあが できたので、母(はは)と いっしょに ばすで 出かけました。（　　）（　　）

③ 父(ちち)は、まいあさ しんぶんの にゅうすを 読みながら らじおを 聞(き)きます。（　　）（　　）

④ 強(つよ)い かぜが びゅうびゅう ふいて きて、まどが がたがた なった。（　　）（　　）

べん強した日（　月　日）

時間	合かく	とく点
15分	40点	/50点

シール

標準レベル

11 ことばの いみ (1)

時間 15分
合かく 40点
とく点　　/50点

べん強した日〔　月　日〕

1 ――の ことばの いみを えらんで、記号で 答えましょう。(一つ5点)

① いそいそと 出かける。
ア まよって、ためらう ようす。
イ うれしくて、いそぐ ようす。
ウ こわくて、いやがる ようす。
（　　）

② 兄は とても わからずやだ。
ア いつも がんばる まじめな 人。
イ ものわかりの いい りこうな 人。
ウ すなおさが なく、がんこな 人。
（　　）

③ あらかじめ きめて おく。
ア 前もって。
イ 大部分。
ウ 少しだけ。
（　　）

2 つぎの ことばの いみを えらんで、記号で 答えましょう。(10点)

・むねを なでおろす。
ア 少しずつ ふあんに なる。
イ ほっと あんしんする。
ウ 心が わくわくする。
（　　）

3 ――の ことばの いみを えらんで、記号で 答えましょう。(一つ5点)

① あっさりと わかった。
ア はっきりと。
イ じっくりと。
ウ すんなりと。
（　　）

② 妹を たしなめる。
ア ようすを みる。
イ かるく しかる。
ウ おおいに ほめる。
（　　）

③ せわしい 毎日。
ア しあわせな。
イ たいくつな。
ウ あわただしい。
（　　）

④ きゃくが ひしめく。
ア おおぜいの 人が いて、おし合って さわぐ。
イ ひどい 目に あって、なきさけぶ。
ウ 入りきらずに、大声で おこる。
（　　）

⑤ あっけない 終わり方だ。
ア めずらしい。
イ 思ったとおりで ある。
ウ もの足りない。
（　　）

上級レベル 12

ことばの いみ (1)

時間 15分
合かく 40点
とく点 ／50点

べん強した日（　月　日）

1 つぎの ことばの いみを えらんで、記号で 答えましょう。（一つ4点）

① 目が 回る
ア とても いそがしい。
イ まったく わからない。
ウ とても 上手である。
（　　）

② 耳が 早い
ア とても よく りかいできる。
イ 人より 早く 聞きつける。
ウ 耳の 聞こえが いい。
（　　）

③ 口を 出す
ア つまみ食いを する。
イ 人の 話に わりこむ。
ウ 悪口を 言う。
（　　）

2 同じ いみを あらわすように 書きましょう。（一つ4点）

（れい） 車に にもつを のせる。
→ にもつが 車に （のせられる）。

① だれかが わたしを よんだ。
→ わたしが だれかに
（　　　　）。

② 雪が 大地を おおう。
→ 大地が 雪に
（　　　　）。

3 ——の ことばの いみを あとから えらんで、記号で 答えましょう。（一つ4点）

① かいがいしく 手当てを する。（　　）
② まさしく わたしの 時計です。（　　）
③ ふいに いい ことを 思いついた。（　　）
④ ぬかりなく じゅんびする。（　　）
⑤ もどかしくて たまらない。（　　）
⑥ ありありと 目に うかぶ。（　　）

ア きゅうで ある ようす。
イ まちがいが ない ようす。
ウ きびきびと した ようす。
エ ゆだんの ない ようす。
オ はっきりと わかる ようす。
カ 思うように ならない ようす。

4 つぎの ことばを つかって、みじかい 文を 作りましょう。（6点）

・おそらく
（　　　　　　　　　　）

標準レベル

13 ことばの いみ (2)

べん強した日（　月　日）

時間 15分　合かく 40点　とく点 ／50点　シール

1 ――の ことばと にた いみの ことばを あとから えらんで、記号で 答えましょう。（一つ４点）

① よもや そんな ことは ないだろう。（　　）

② ひときわ 明るい 星だ。（　　）

③ むろん それは 正しい。（　　）

④ とりあえず、やめて おこう。（　　）

⑤ せいぜい これくらいだろう。（　　）

ア 多くとも　イ ひじょうに　ウ いったん　エ まさか　オ もちろん

2 ――の ことばと 同じ いみで つかわれて いる ものを えらんで、記号で 答えましょう。（一つ３点）

① ニュースを 聞く。

ア くわしく 道を 聞く。
イ 弟の ねがいを 聞く。
ウ 先生の 話を 聞く。
（　　）

② よばれて 立つ。

ア いすの 上に 立つ。
イ 海の なみが 立つ。
ウ 朝早く 家を 立つ。
（　　）

③ かがみに すがたが うつる。

ア よその 町へ うつる。
イ 池に 木が うつる。
ウ びょうきが うつる。
（　　）

④ 顔に 赤みが さす。

ア しょうじに かげが さす。
イ 人の 顔を ゆびで さす。
ウ 雨の 日に かさを さす。
（　　）

3 （　）に 入る ことばを あとから えらんで、記号で 答えましょう。（一つ３点）

① （　　）なので、じしょで しらべよう。

② やっと クイズを とく（　　）が 見つかった。

③ わたしに いうなんて、（　　）も いい ところだ。

④ 長く かかったが、やっと（　　）が つきそうだ。

⑤ 新しい おもちゃに 目が（　　）に なる。

⑥ サッカーの しあいで（　　）を 立てる ことが できた。

ア てがら　イ うろおぼえ
ウ やつあたり　エ めど
オ てがかり　カ くぎづけ

上級レベル

14 ことばの いみ (2)

べん強した日（　月　日）

時間 15分　合かく 40点　とく点 ／50点

1 つぎの ことばの いみを えらんで、記号（きごう）で 答（こた）えましょう。（一つ4点）

① 鼻（はな）が きく

ア よく においを かぎわける。
イ 何（なん）の においかを 聞（き）く。
ウ 何の においか よく わからない。

（　　）

② 耳に はさむ

ア 人の 話（はなし）を よく 聞く。
イ ちらっと 聞く。
ウ いやな 音が 聞こえる。

（　　）

③ うでを みがく

ア 力を つける ために れんしゅうを する。
イ 体（からだ）を しっかり あらう。
ウ 自分（じぶん）の 力を 出し切（き）る。

（　　）

④ ねんを おす

ア くふうを する。
イ よく めんどうを みる。
ウ よく 言（い）い聞かせる。

（　　）

⑤ 足を ひっぱる

ア わざわざ でかける。
イ 人の じゃまを する。
ウ 人の てつだいを する。

（　　）

2 ――の ことばの いみを あとから えらんで、記号で 答えましょう。（一つ4点）

① 手がらを 立てる。（　　）
② かんせいを あげる。（　　）
③ きざしが 見える。（　　）
④ みじゅくな うで。（　　）
⑤ 口ごたえを する。（　　）
⑥ 遠回（とおまわ）しに ことわる。（　　）

ア よろこびの 声（こえ）。
イ まだ よく なれて いない こと。
ウ ものごとが おこりそうな ようす。
エ 言いかえす こと。
オ 何と なく わかるように。
カ りっぱな はたらき。

3 つぎの ことばを つかって、みじかい 文を 作（つく）りましょう。（6点）

・耳を かたむける

（　　　　）

標準レベル 15

かなづかい・おくりがな (1)

べん強した日（　月　日）

時間 15分
合かく 40点
とく点　　50点

1 かなづかいの 正しい ほうに ○を つけましょう。（一つ2点）

① 毎日(まいにち) 学校 {（　）え／（　）へ} 行(い)く。

② 音楽(おんがく) {（　）を／（　）お} きく。

③ 兄(あに){（　）は／（　）わ} 本が すきだ。

④ {（　）お／（　）を} とうさんと 話(はな)す。

2 つぎの ことばの かなづかいを、正しく 直(なお)しましょう。（一つ2点）

① かたずける（　　）

② みぢかい（　　）

③ おうぜい（　　）

④ おおさま（　　）

⑤ かきごうり（　　）

⑥ おやこずれ（　　）

⑦ せえかつ（　　）

⑧ けえさつ（　　）

3 かなづかいが まちがって いる ことばに ――を 引(ひ)いて、正しく 直しましょう。（4点）

おねえさんは、バスが おおはばに おくれて いるので、とけえを 見ました。（　　）

4 おくりがなの 正しい ほうに、○を つけましょう。（一つ2点）

① しつもんに {（　）答える／（　）答る}。

② ボールが {（　）当る／（　）当たる}。

③ {（　）細い／（　）細かい} 雪(ゆき)が ふる。

④ {（　）新しい／（　）新い} 車に のる。

⑤ ボタンを {（　）外ずす／（　）外す}。

5 つぎの ことばを 漢字(かんじ)と ひらがなで 書(か)きましょう。（一つ2点）

① まわる（　　）

② あるく（　　）

③ かぞえる（　　）

④ うたう（　　）

⑤ おそわる（　　）

⑥ おこなう（　　）

上級レベル 16 かなづかい・おくりがな (1)

時間 15分　合かく 40点　とく点 ／50点　シール

べん強した日（ 月 日）

1 かなづかいの 正しい ほうに、○を つけましょう。（一つ2点）

① 人数（にんずう）が {（ ）おうい／（ ）おおい}。

② 父（ちち）の {（ ）いう／（ ）ゆう} ことを きく。

③ 兄（あに）の あとに {（ ）つずく／（ ）つづく}。

④ {（ ）じしん／（ ）ぢしん} に そなえる。

2 （ ）に「ず」か「づ」を 入れましょう。（一つ2点）

① 先生が 大きく うな（ ）く。

② くっ（ ）れに なる。

③ 文章（ぶんしょう）を つ（ ）る。

④ この 字は む（ ）かしい。

⑤ かん（ ）めを あける。

3 （ ）に「じ」か「ぢ」を 入れましょう。（一つ2点）

① セーターが ち（ ）む。

② 漢字（かんじ）には （ ）しんが ある。

③ み（ ）かな 友人（ゆうじん）。

④ はな（ ）が 止（と）まらない。

⑤ ぶたいに とう（ ）ようする。

4 つぎの 文の ――を、漢字と ひらがなで 書（か）きましょう。（一つ2点）

① <u>ふとい</u> うで。（ ）

② <u>ながい</u> 道（みち）のり。（ ）

③ <u>たのしい</u> 人。（ ）

④ <u>あきらかだ</u>。（ ）

⑤ <u>すこし</u>の 水。（ ）

⑥ 道が <u>わかれる</u>。（ ）

⑦ 星（ほし）が <u>ひかる</u>。（ ）

⑧ <u>うしろ</u>に つく。（ ）

5 おくりがなが 正しい ものを えらんで、○を つけましょう。（一つ2点）

① {（ ）直に／（ ）直ちに／（ ）直だちに} 出かける。

② {（ ）親い／（ ）親しい／（ ）親たしい} 友人。

③ {（ ）自ら／（ ）自から／（ ）自ずから} はじめる。

標準レベル 17

かなづかい・おくりがな (2)

時間 15分　合かく 40点　とく点　/50点

べん強した日（　月　日）

1 つぎの 漢字の 読み方を ひらがなで 書きましょう。（一つ2点）

①遠出（　　）
②公立（　　）
③妹（　　）
④広大（　　）
⑤王子（　　）
⑥空気（　　）

2 かなづかいの 正しい ほうに、○を つけましょう。（一つ1点）

① 地面 （　）じめん （　）ぢめん
② 間近 （　）まじか （　）まぢか
③ 図画 （　）づが （　）ずが
④ 同時 （　）どおじ （　）どうじ
⑤ 東西 （　）とうざい （　）とおざい
⑥ 大通り （　）おおどうり （　）おおどおり
⑦ 三日月 （　）みかづき （　）みかずき
⑧ 力強い （　）ちからずよい （　）ちからづよい

3 つぎの おくりがなが つく 漢字を あとから えらんで 書きましょう。（一つ2点）

① □う わせる
② □しい たい
③ □す れる
④ □い める
⑤ □れる らす
⑥ □く らす
⑦ □ける かり
⑧ □い かい

晴　丸　鳴　合　新　細　外　明

4 つぎの 文の ――を、漢字と ひらがなで 書きましょう。（一つ2点）

① 人と まじわる。（　　）
② 牛（うし）の あゆみ。（　　）
③ 車が とまる。（　　）
④ 学校に かよう。（　　）
⑤ 四月の なかば。（　　）
⑥ うしろを むく。（　　）
⑦ 名前（なまえ）を しるす。（　　）

上級レベル

18 かなづかい・おくりがな (2)

べん強した日（　月　日）

時間 15分　合かく 40点　とく点 ／50点

シール

1 つぎの 文には かなづかいの まちがいが 一つずつ あります。その 字に ——を 引いて、（　）に 正しく 書きましょう。（一つ2点）

① いもうとは あたらしい せえふくを 見て よろこんで います。（　）（　）

② 犬小屋が こわれて、とうさんは かなずちと くぎを つかって、もっと おおきい ものを 作って くれました。（　）（　）

③ かあさんが もおふを あらって くれたので、きれいに なりました。（　）（　）

④ 冬の 朝は さむくて、池が こおる ほどです。外に 出ると、体が ちじむようです。（　）（　）

⑤ もけいの ひこおきを つくって、おとうとと いっしょに こうえんへ 行きました。（　）（　）

⑥ 学校の ろうかは とても 長くて、どこまでも つづくようです。おしゃべりしないで、しづかに 歩きなさいと、先生が いつも おっしゃいます。（　）（　）

2 つぎの 文の ——を、漢字と ひらがなで 書きましょう。（一つ2点）

① おなじ 組の 友だちが、ぼくを 見て はしりよって きた。（　）（　）

② つよい 風が ふいて きたので、早く かえりましょう。（　）（　）

③ おかしの かずを かぞえて、二人で わけなさい。（　）（　）

④ 母は ふるくからの したしい 友人に 会いに 行きました。（　）（　）

⑤ やり方を おしえるので、あとは 自分で かんがえなさい。（　）（　）

3 つぎの ことばを 漢字と ひらがなで 書きましょう。（一つ3点）

① はるやすみ（　）

② うりあげる（　）

③ みなおす（　）

④ まわりみち（　）

⑤ かたりあう（　）

⑥ こころぼそい（　）

標準レベル 19

同じ いみ・はんたいの いみの ことば (1)

1 にた いみの 漢字を 下から えらんで 二字の ことばを 作り、その 読み方も 書きましょう。(一もん2点)

① 野□（　　）
② 岩□（　　）
③ 絵□（　　）
④ 言□（　　）
⑤ 思□（　　）

画　考　原　石　語

2 にた いみの ことばを あとから えらんで、漢字で 書きましょう。(一つ2点)

① だいじ（　　）
② しんじつ（　　）
③ そらいろ（　　）
④ りょうしん（　　）
⑤ ちゅうい（　　）
⑥ ともだち（　　）
⑦ しょめん（　　）

みずいろ・ゆうじん・ほんとう
ふぼ・たいせつ・ぶんめん
ようじん

3 はんたいの いみに なる ことばを 下から えらんで、漢字で 書きましょう。(一つ2点)

① 地と□。
② 昼と□。
③ 黒と□。
④ 親と□。
⑤ 北と□。

こ　てん　みなみ　しろ　よる

4 はんたいの いみに なる ことばを あとから えらんで、漢字で 書きましょう。(一つ2点)

① ゆうしょく（　　）
② うてん（　　）
③ こくない（　　）
④ そうしょく（　　）
⑤ ごぜん（　　）
⑥ たすう（　　）
⑦ やがい（　　）
⑧ ほくじょう（　　）

かいがい・なんか・せいてん
ごご・ちょうしょく・しつない
にくしょく・しょうすう

べん強した日〔　月　日〕

時間 15分
合かく 40点
とく点　　50点
シール

上級レベル

20 同じいみ・はんたいのいみのことば (1)

時間 15分　合かく 40点　とく点 ／50点

べん強した日（　月　日）

1 ―の ことばと いみの にた ことばを、漢字一字で 書きましょう。（一つ3点）

① しんたいを けんこうに たもつ。 □

② ぎょるいに ついて くわしく ならう。 □

③ しきさいが うつくしい。 □

④ とうぶに ボールが 当たる。 □

⑤ くすりを うる ばいてんが ある。 □

⑥ どうろ工事が はじまった。 □

2 にた いみの ことばを あとから えらんで、記号で 答えましょう。（一つ2点）

① うたがわしい （　）

② やかましい （　）

③ いたましい （　）

④ みぐるしい （　）

⑤ あわただしい （　）

ア みにくい　イ つらい　ウ いそがしい　エ あやしい　オ うるさい

3 ―の ことばと はんたいの いみの ことばを 書きましょう。漢字で 書けるものは 漢字で 書きましょう。（一つ1点）

① あまい おかし。 （　）

② 明るい 顔。 （　）

③ はやい 車。 （　）

④ みじかい 草。 （　）

⑤ 本を 買う。 （　）

⑥ ドアを おす。 （　）

⑦ 火を けす。 （　）

⑧ 同じ 人。 （　）

4 はんたいの いみの ことばを 漢字を つかって 書きましょう。（一つ2点）

① 古い （　）

② 多い （　）

③ 上る （　）

④ 行く （　）

⑤ 強い （　）

⑥ 近い （　）

⑦ 太い （　）

標準レベル

21 同じ いみ・はんたいの いみの ことば (2)

べん強した日（　月　日）

時間 15分　合かく 40点　とく点 ／50点　シール

1 にた いみの ことばを あとから えらんで、記号で 答えましょう。（一つ3点）

① ゆうじん（　　）
② いがい（　　）
③ けっしん（　　）
④ しぜん（　　）
⑤ げんいん（　　）

ア けつい　イ りゆう
ウ ともだち　エ てんねん
オ あんがい

2 ――の ことばと にた いみの ことばを あとから えらんで、記号で 答えましょう。（一つ3点）

① ぜったいに まちがいありません。（　　）
② たぶん だいじょうぶだよ。（　　）
③ たまに 会いましょうね。（　　）
④ ふと 空を 見上げた。（　　）
⑤ たちまち きげんを 直しました。（　　）

ア おそらく　イ 何となく
ウ けっして　エ ときどき
オ すぐに

3 はんたいの いみの 漢字を 下から えらんで、二字の ことばを 作り、その 読み方も 書きましょう。（一もん2点）

① 前□（　　）
② 兄□（　　）
③ 上□（　　）
④ 多□（　　）
⑤ 内□（　　）

少　後　下　外　弟

4 ――の ことばと はんたいの いみの ことばを あとから えらんで、記号で 答えましょう。（一つ2点）

① 町の 人口が ふえる。（　　）
② 工事の 日数を ちぢめる。（　　）
③ 毎日 ゴミを すてる。（　　）
④ 会合を はじめる。（　　）
⑤ にわで 大きな あなを ほる。（　　）

ア のばす　イ おえる
ウ うめる　エ へる
オ ひろう

同じいみ・はんたいのいみのことば(2)

べん強した日（　月　日）

時間 15分
合かく 40点
とく点 ／50点
シール

1 ――のことばとにたいみのことばをあとからえらんで、漢字をつかって書きましょう。（一つ2点）

① 空いているへやをつかう。（　　）
② 家と家の間を行く。（　　）
③ 子どもたちにおやつをくばる。（　　）
④ 犬が大きな声でほえる。（　　）
⑤ 先生の言われたことを書く。（　　）

なく　しるす　とおる　もちいる　わける

2 にたいみの漢字を、あとからえらんで書きましょう。（一つ2点）

① 空―□　② 村―□
③ 森―□　④ 円―□
⑤ 中―□

丸　里　内　天　林

3 ――のことばとはんたいのいみのことばを、□に合うように書きましょう。（一つ3点）

① 明るい顔。→ □□顔。
② ふかい海。→ □□□海。
③ ひくい山。→ □□山。
④ ゆたかな国。→ □□□□国。
⑤ 人にしたがう。→ 人に□□□□。
⑥ げひんなことばをつかう。→ □□□□□□ことばをつかう。

4 はんたいのいみのことばをあとからえらんで、漢字で書きましょう。（一つ2点）

① しがい（　　）
② とうこう（　　）
③ しょうすう（　　）
④ なんとう（　　）
⑤ つよき（　　）
⑥ ちじょう（　　）

たすう　ちか　ほくせい
よわき　しない　げこう

標準レベル

23 ふごうの つかい方

べん強した日（　月　日）

時間 15分　合かく 40点　とく点 ／50点

シール

1 つぎの 文に、てん（、）を 一つずつ 書き入れましょう。（一つ2点）

① わたしの 姉は 母の りょうりの てつだいを よく します。

② 公園に つくと みんなは もう サッカーを して いた。

③ ペンと ノート そして 本を 用意しなさい。

④ とても つかれましたが がんばりました。

⑤ これは めずらしい かびんなので 大事に して ください。

⑥ 頭が いたくて しかたが なかった。だから 学校を 休んだ。

2 つぎの 文に、かぎ（「 」）を 一つずつ 書き入れましょう。（一つ3点）

① お元気ですか。と あいさつを しました。

② これは だれの かばんですか。と きかれました。

③ 明日は 家に いますか。と たずねられました。

④ 先生が さようなら。と おっしゃいました。

⑤ ことばは 大切な ものです。と、本に 書いて ありました。

3 つぎの 文に、てん（、）と 丸（。）を 一つずつ 書き入れましょう。（一もん3点）

① 上に あるのが わたしの 本です

② わたしの さいふには 二百円しか 入って いません

③ 公園まで 行きたいのですが どうやって 行くのでしょうか

④ さあ 早く 家に 帰りましょう

⑤ 二月十日 それが ぼくの たんじょう日だ

4 つぎの 文に、てん（、）を 一つ、丸（。）を 二つ、かぎ（「 」）を 一つずつ 書き入れましょう。（一もん2点）

① となりの 家の ガラスを わって しまったので ごめんなさいと あやまりました

② 学校の 帰り道で 今日は 公園で あそぼうと さそわれました

③ こまって いた ところを たすけられたので ありがとうございますと いいました

④ わたしが いつまでも ぐずぐずして いたら お母さんが 早く しなさいと いいました

ふごうの つかい方

べん強した日（　月　日）

時間 15分　合かく 40点　とく点 　/50点

シール

1 つぎの 文章に、てん（、）を 四つ 書き入れましょう。（一つ3点）

友だちの 家に 行って 本を なんさつか 見せて もらいました。その 子は 本が 大すきで ほんとうに たくさんの 本を もって います。わたしは そんなに 多くの 本を 読む ことは できませんが 少しずつ 読もうと 思って います。今度 返しに 行く ときには 読んで 思った ことを 話し合おうと 思います。

2 つぎの 文章に、てん（、）と 丸（。）を 四つずつ 書き入れましょう。（一つ2点）

わたしは 空が すきで よく 外に 出ては 見上げて います ぼんやりと ながめて いると だんだん 心が すっきりと なって さわやかな 気持ちに なれます 天気の ことも きょうみが あります 大きく なったら 天気に ついて 学びたいと 思って います

3 つぎの 文に、かぎ（「　」）を 一つ 書き入れましょう。（3点）

先生は、みんなの 顔を 見ながら ちゃんと 手を あらいましたか。と 言いました。

4 てん（、）の つかい方が まちがって いる ものを 三つ えらんで、×を つけましょう。（一つ3点）

① ドンドン、ドンドンと、たいこの 音が 聞こえた。（　）

② 楽しいから もう 少し、話しましょう。（　）

③ 木の葉が きらめく 中で、のんびりしました。（　）

④ 走ろう さも ないと、おくれるよ。（　）

⑤ 山の 上から、見た けしきは きれいだった。（　）

⑥ いったい だれ、と 声を 上げました。（　）

5 つぎの 文を ①と ②の いみに なるように、てん（、）を 一つずつ つけて 書き直しましょう。（一つ5点）

・わたしは さけびながら 走る 弟を おいかけました。

① さけんで いるのは 「わたし」。

（　　　　）

② さけんで いるのは 「弟」。

（　　　　）

25 最上級レベル 1

べん強した日〔　月　日〕

時間 15分　合かく 40点　とく点　／50点　シール

1 つぎの――の漢字の読み方を書きましょう。（一つ1点）

①（　）冬の（　）晴れた朝。

②（　）画用紙に（　）大きく（　）絵をかく。

③（　）南北に（　）道が（　）走る。

④（　）午後おそくに（　）昼食をとる。

⑤（　）門前で（　）あそぶ兄弟。

②（　）てれびの（　）あなうんさあがへるめっとをかぶって、たいふうのようすをはなしています。

2 つぎのことばを漢字で書きましょう。（一つ2点）

① □（さかな）や□（とり）の□（にく）。

② □（いもうと）の□（はなし）を□（き）く。

③ □（うみ）で□（まる）い貝をひろう。

④ □□（しんぶん）で□（し）らせる。

3 かたかなで書くことばをそれぞれ三つ見つけて、かたかなに直して書きましょう。（一つ2点）

① わたしは、こっぷにみるくを入れて、とおすとをたべました。

4 ――のことばのいみをえらんで、記号で答えましょう。（一つ2点）

① ひっきりなしに通る。
ア たえまがないようす。
イ ひどくうるさいようす。
ウ ゆっくりとしたようす。（　）

② てまをはぶく。
ア ついかする。
イ ていねいにあつかう。
ウ とりのぞく。（　）

③ おおらかな心。
ア 気前がいいようす。
イ のびのびとしたようす。
ウ おおげさなようす。（　）

④ いさぎよいすがた。
ア 思い切りがよいようす。
イ いそがしくするようす。
ウ 心がこもったようす。（　）

26 最上級レベル ②

時間 15分
合かく 40点
とく点 　／50点

べん強した日（　月　日）

1 つぎの 漢字の 読み方を 書きましょう。（一つ1点）

① 人工（　　）
② 空車（　　）
③ 大雨（　　）
④ 光線（　　）
⑤ 王国（　　）
⑥ 近々（　　）
⑦ 頭上（　　）
⑧ 大工（　　）

2 つぎの ことばを 漢字と ひらがなで 書きましょう。（一つ2点）

① したしい（　　）
② あきらか（　　）
③ もちいる（　　）
④ おしえる（　　）
⑤ ひかる（　　）
⑥ たのしい（　　）
⑦ こまかい（　　）
⑧ あたらしい（　　）

3 ――の ことばと にた いみの ことばを あとから えらんで、記号で 答えましょう。（一つ2点）

① おのずから わかる。（　）
② あいにく 会えません。（　）
③ かろうじて たすかる。（　）
④ ひたすら たえる。（　）
⑤ すかさず 答える。（　）

ア すぐに　イ ざんねんながら
ウ いちずに　エ しぜんと
オ やっとの ことで

4 はんたいの いみの 漢字を 下から えらんで 二字の ことばを 作り、その 読み方も 書きましょう。（一もん2点）

① 大□（　）
② 天□（　）
③ 強□（　）
④ 売□（　）
⑤ 遠□（　）

地　小　近　買　弱

5 つぎの 文に、てん（、）と 丸（。）と かぎ（「　」）を 一つずつ 書き入れましょう。（一つ2点）

学校に 行こうと したら おべんとうを わすれて いるよ と お母さんに 言われた

1 つぎの　しを　読んで、あとの　といに　答えましょう。

なみは　手かな

こわせ・たまみ

①なみは　手かな。
うみの　手かな。
②なみうちぎわで
ぱっと　ひらいた。

なみは　手かな。
白い　手かな。
③かいがら　一つ
ぱっと　なげた

なみは　手かな。
つないだ　手かな。
④なみうちぎわを
ぱっと　かこんだ。

(1) 「①なみは　手かな」と　ありますが、どのような　「手」ですか。三つ　書きましょう。（一つ5点）

（　　　　）
（　　　　）
（　　　　）

(2) 「②なみうちぎわで／ぱっと　ひらいた」とは、どんな　ようすを　あらわして　いますか。○を　つけましょう。（10点）

（　）なみが　なくなる　ようす。
（　）なみが　引く　ようす。
（　）なみが　くだける　ようす。

(3) 「③かいがら　一つ／ぱっと　なげた」とは、どんな　ようすを　あらわして　いますか。○を　つけましょう。（10点）

（　）かいがらが　ながれついた　ようす。
（　）かいがらが　おしつぶされた　ようす。
（　）かいがらが　ひらいた　ようす。

(4) 「④なみうちぎわを／ぱっと　かこんだ」とは、どんな　ようすを　あらわして　いますか。○を　つけましょう。（15点）

（　）なみが　一度に　よせて　きた　ようす。
（　）なみが　少しずつ　高く　なる　ようす。
（　）なみが　ぐるぐる　まわって　いる　ようす。

べん強した日（　月　日）

時間 20分
合かく 40点
とく点　　／50点
シール

上級レベル 28

し (1)

1 つぎの しを 読(よ)んで、あとの といに 答(こた)えましょう。

だれかしら　　よだ　じゅんいち

だれかしら
だれかしら
花に　名まえを
つけた　ひと

だれかしら
だれかしら
「ゆり」って　名まえを
つけた　ひと

だれかしら
だれかしら
「ばら」って　名まえを
つけた　ひと

だれかしら
だれかしら
花は　おぼえて
いるかしら

(1) この　しの　中で　いちばん　くりかえされて　いる　ことばを　五字で　ぬき出しましょう。(10点)

[　　　　　]

(2) この　しの　中に　ある　花の　名まえを　二つ　書(か)きましょう。(一つ5点)

(　　　　)(　　　　)

(3) この　しには　どんな　気持(きも)ちが　こめられて　いますか。○を　つけましょう。(10点)

(　) 花を　つみたいと　思(おも)う　気持ち。
(　) 花を　名づけた　人を　ふしぎに　思う　気持ち。
(　) 花に　なりたいと　思う　気持ち。

(4) 「花は　おぼえて／いるかしら」と　ありますが、だれを　「おぼえて　いるかしら」と　いって　いるのですか。○を　つけましょう。(10点)

(　) 自分(じぶん)を　名づけて　くれた　人。
(　) 自分を　つんで　くれた　人。
(　) 自分を　よけて　いった　人。

(5) この　しは　どのように　して　読むと　いいですか。○を　つけましょう。(10点)

(　) ふしぎそうに　読む。
(　) くるしそうに　読む。
(　) つまらなそうに　読む。

時間 20分
合かく 40点
とく点 　　／50点
シール
べん強した日（　月　日）

標準レベル

29 し(2)

時間 20分　合かく 40点　とく点　／50点

1 つぎの しを 読んで、あとの といに 答えましょう。

ガラスの かお

みつい ふたばこ

おやおや こまった
①ないちゃうよ。
おふろの ②ガラスに
かいた かお。

みんな なみだを
ながしちゃう。

わらった かおまで
ないてるよ。

おふろの ガラスに かいた かお。
みんな そろって ないてるよ。

(1) この しは、どんな 場所に ついての しですか。(10点)

（　　　）

(2) 「①ないちゃうよ」と ありますが、そのように 見えるのは なぜですか。□に ことばを 書きましょう。(10点)

□□□を ながして いる ように 見えるから。

(3) 「①ないちゃうよ」と ありますが、そのように なるのは なぜですか。○を つけましょう。(10点)

（　）ガラスが ゆがんで くるから。
（　）あかりが きえそうだから。
（　）しずくが たれて くるから。

(4) 「②ガラスに／かいた かお」に あてはまる ものを 二つ えらんで ○を つけましょう。(10点)

（　）ガラスに いくつも かいて ある。
（　）おこった かおも 見える。
（　）わらった かおも ないたように なる。
（　）わらった ままの ものも ある。

(5) この しに あてはまる ものに ○を つけましょう。(10点)

（　）ほかの 人に 話しかけるように して 書いて いる。
（　）ほかの 人に 聞かれたくないと 思って 書いて いる。
（　）ほかの 人を おどろかせようと 思って 書いて いる。

上級レベル 30

し(2)

1 つぎの　しを　読んで、あとの　といに　答えましょう。

たまねぎさん

小野　ルミ

こんど
うまれて　くる　ときは
バラの　花に　なりたいな

なみだじゃ　なくて
ほほえみを
いっぱい
いっぱい
あげたいな

たまねぎさんの　ひとりごと
わたしは　聞いて　しまいました
そして
ほほえみ
もらいました……

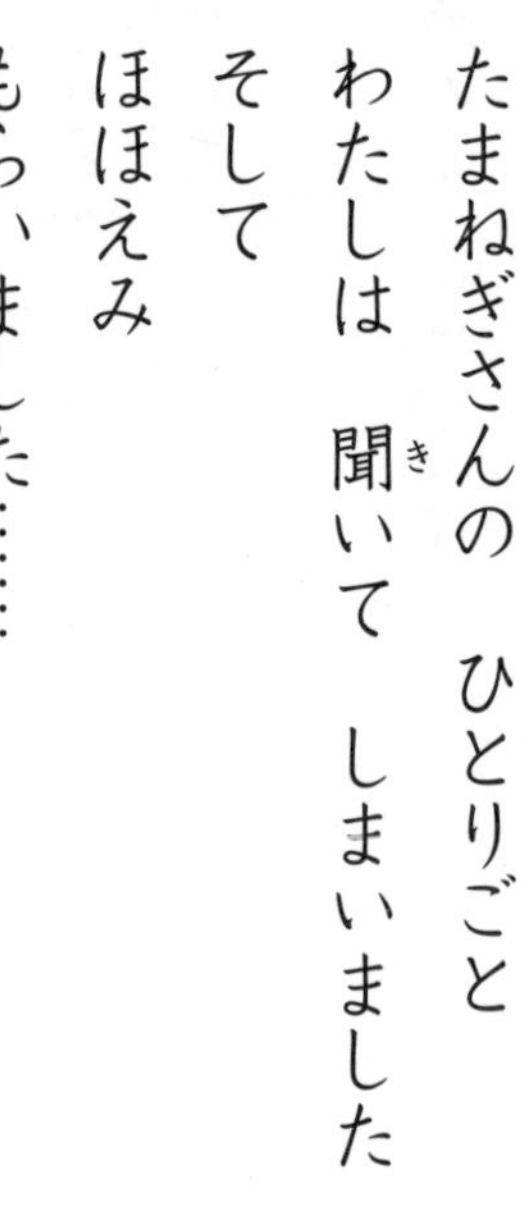

(1) この　しは、「たまねぎさん」の　何に　ついての　しですか。(10点)

（　　　）

(2) 「たまねぎさん」は　何に　なりたがって　いますか。(10点)

（　　　）

(3) 「なみだじゃ　なくて」と　いって　いるのは、なぜですか。○を　つけましょう。(10点)

（　）たまねぎを　切ると　なみだが　出るから。
（　）たまねぎは　よく　きらわれる　ものだから。
（　）たまねぎに　生まれたのが　うれしいから。

(4) 「なみだじゃ　なくて」と　ありますが、「たまねぎさん」は　何を　あげたいと　いって　いますか。(5点)

（　　　）

(5) 「わたし」が　「たまねぎさん」から　もらった　ものを　しの　中から　四字で　ぬき出しましょう。(5点)

□□□□

(6) この　しに　あてはまる　ものに　○を　つけましょう。(10点)

（　）作者の　そうぞうを　書いて　いる。
（　）本当に　あった　ことを　書いて　いる。
（　）人から　聞いた　ことを　つたえて　いる。

時間 20分
合かく 40点
とく点　　　50点

べん強した日（　月　日）

シール

標準レベル

31 物語（1）

時間 20分　合かく 40点　とく点 　／50点

べん強した日（　月　日）

1 つぎの 文章を 読んで、あとの といに 答えましょう。

〔「ぼく」が かって いた ネコの 「ゴロジ」は、ひっこしを する ときに いなく なって しまいました。〕

いそいで 家に 帰ると、にもつの 中から セロハンテープを 出して、ゴロジが いつも 出入りを して いた まどの 下に 走って いった。そして、①ゴロジが 見えそうな ところに 地図を はった。

「ゴロジ！」

②ぼくは、大きな 声で よんだ。

「さみしく なったら、これを 見て おいでよね。ううん、きっと 来るんだよ。ぼくたちは まって いるからね。」

どこかで ゴロジが、そっと こっちを 見て いるような 気が する。あたたかい 風の 中に、③のそっと しっぽを 丸めた ゴロジの 気配が する。ゴロジは すがたを あらわさないで、だまって ぼくたちを 見おくる つもりなのかしら。

「ゴロジ、ぼくたちは ④まだ さよならじゃ ないからね……。」

（戸田和代「ゴロジ」）

(1) 「ぼく」は、まどの 下に 走って いって、どんな ことを しましたか。（10点）

（　　　　　　　　）

(2) 「①ゴロジが 見えそうな ところ」に はったのは、なぜですか。（10点）

（　　　　　　　　）

(3) 「②ぼくは、大きな 声で よんだ」と ありますが、その とき 「ぼく」は どんな 気持ちでしたか。○を つけましょう。（10点）

（　）ものしずかに たえる 気持ち。
（　）しかりつつ おこる 気持ち。
（　）かなしくて つらい 気持ち。

(4) 「③のそっと」と 同じように、「ゴロジ」の ようすを あらわして いる ことばを、三字で ぬき出しましょう。（10点）

□□□

(5) 「④まだ さよならじゃ ない」とは、「ぼく」の どのような 思いを あらわして いますか。（10点）

（　　　　　　　　）

物語 (1)

時間 20分　合かく 40点　とく点 ／50点

べん強した日〔　月　日〕　シール

1 つぎの 文章を 読んで、あとの といに 答えましょう。

小ぞうたちは、おはぎが 食べたくて たまりません。

すると 一休は、ほとけさまの 口に おはぎの あんを なすりつけて、

「こう すれば、食べても 平気さ。」

と 言って、みんなで、おはぎを 食べて しまいました。

しばらく して、おしょうさんが 帰って くると、おはぎが 一つも ありません。

「おはぎは どう した。」

かんかんに なって ①どなると、

「ほとけさまの 口に あんが ついて いますから、ほとけさまが 食べて しまったのでしょう。」

すました 顔を して、一休が 言いました。

「それは けしからん ほとけさまだ。それなら、しおきして やる。」

おしょうさんは、丸たんぼうで ほとけさまを たたきました。

すると、金で できて いる ほとけさまは、②クワン クワンと、音を たてました。

（大石 真「一休さん」）

(1) 「一休」が 「ほとけさま」の 口に おはぎの あんを なすりつけたのは なぜですか。（10点）

（　　　　）

(2) 「①どなると」と ありますが、その ようすを よく あらわして いる ことばを 五字で ぬき出しましょう。（10点）

□□□□□

(3) 「おしょうさん」は、「ほとけさま」に どんな しおきを しましたか。（10点）

（　　　　）

(4) 「②クワン クワン」は、どんな ことを あらわして いますか。漢字と ひらがなで 書きましょう。（10点）

おはぎを □ と いう こと。

(5) この 文章に あてはまる ものを えらび、○を つけましょう。（10点）

（　）「おしょうさん」は、「一休」が 正しいと わかった。

（　）「おしょうさん」が 「一休」を やりこめた。

（　）「おしょうさん」は まんまと だまされた。

標準レベル

33 物語(2)

1 20 40 60 80 100 120(回)

べん強した日（　月　日）

時間	合かく	とく点
20分	40点	/50点

シール

1 つぎの 文章を 読んで、あとの といに 答えましょう。

［「かなこ」は ゆうびんきょくへ 行きました。すると、そこには 人は いなくて、ねこばかりでした。］

「はい、そこ どいて。」

「いそがしいんだから。はいたつ、行って きまーす。」

「ちょっと、あんた。ぼーっと 立ってるんなら、これ、はいたつして きてよ。」

かなこは、いきなり 三毛ねこに つつみを おしつけられました。

かなこが、外へ 出て つつみを 見ると、

『たつまき・ゆうじろうさまへ』

と、書いて ありました。

でも、書いて あるのは それだけ。じゅうしょも、さしだし人も、書いて ありません。

「これじゃ、とどけられない。」

かなこは、もう 一度 ゆうびんきょくの ドアを あけました。

「あれ？」

中に いたのは 人間だけ。

さっき いた ねこは、一ぴきも いません。

（村上しいこ「ねこゆうびんきょく」）

(1) ゆうびんきょくの 中は どんな ようすですか。○を つけましょう。（10点）

（　）さびれて いて、たいくつな ようす。

（　）たいへん いそがしそうな ようす。

（　）ゆったりと して いて、明るい ようす。

(2) 「かなこ」は 何を わたされましたか。三字で 書きましょう。（10点）

［　　　］

(3) 「これじゃ、とどけられない」と 思ったのは、なぜですか。（10点）

（　　　　　　）

(4) 「これじゃ、とどけられない」と 思った 「かなこ」は、どう しましたか。（10点）

（　　　　　　）

(5) この 文章に 書いて ある ことを えらんで、○を つけましょう。（10点）

（　）ふつうの できごと。

（　）ふしぎな できごと。

（　）たまに ある できごと。

物語 (2)

時間 20分
合かく 40点
とく点 　　／50点
シール
べん強した日〔　月　日〕

1 つぎの 文章を 読んで、あとの といに 答えましょう。

〔「子どもたち」は「先生」と 給食に ついて 話して います。〕

「にんじん」「ねぎ」の ことに なると、①子どもたちの 気持ちは、ひとつに そろいます。

「そんな ことは ないでしょう。おいしそうに、にんじんも、ねぎも、食べて いる くせに。」

「ちがうよ、ちがうよ、ちがうよ。」

「大きらいだ。」

「そうよ、そうよ、そうよ。」

「あ、それから ピーマン。大きらい。」

綾加は、②いすの 上に 立って、さけびました。

「わたしも、大きらい。」

綾加の、すぐ 前の 席の 和子も、ピーマンが 大きらいなのです。

「きらい、きらい、きらい。」

みんなが ③どっと いいます。その時、

「先生。」

石井拓也が、目を ぱちぱちさせて、こしを あげました。

「ぼく、ピーマン、大すき。」

拓也は 綾加の となりです。

綾加は、④頭を たたかれたような 気持ちに なりました。

（鈴木喜代春「ごっくん ピーマン たべちゃった」）

---

(1) 「①子どもたちの 気持ちは、ひとつに そろいます」とは、どのような ことを あらわして いますか。（一つ10点）

「子どもたち」は みんな ［　　　　］ や ［　　］ が 大きらいで ある こと。

(2) 「②いすの 上に 立って、さけびました」が あらわして いる ようすに ○を つけましょう。（10点）

（　）わからないように して いる ようす。

（　）いばりたいと 思って いる ようす。

（　）みんなに つたえようと する ようす。

(3) 「③どっと」とは、どのような ことを あらわして いますか。○を つけましょう。（10点）

（　）いちどに　　（　）しずかに

（　）ふざけて

(4) 「④頭を たたかれたような 気持ち」とは、どのような 気持ちですか。○を つけましょう。（10点）

（　）心から しあわせな 気持ち。

（　）すこし いらいらする 気持ち。

（　）とても おどろいた 気持ち。

標準レベル 35

物語（ものがたり）(3)

時間 20分　合かく 40点　とく点 ／50点

べん強した日（　月　日）

1 つぎの 文章（ぶんしょう）を 読（よ）んで、あとの といに 答（こた）えましょう。

がっこうの もんが みえて きたとき、むこうの みちから、うけもちの 山田（やまだ）せんせいが きました。せんせいは ネミちゃんたちに きづいて、もんの まえで まって いて くれました。

ネミちゃんと カナちゃんは かけて いって、せんせいを まんなかにして、もんを はいって いきました。

「①せんせいの かさ、すてきね」

カナちゃんが 山田せんせいの かさを みあげて いいました。

せんせいの かさは みずいろです。まるで、せんせいの うえだけは、あおい そらが あるみたいです。そのそらのような みずいろが、せんせいの しろい レインコートの かたにうつって います。

「わたしも、みずいろの かさに しようかなー」

ネミちゃんが おもわず いうと、

「あら、みずいろは、おとなの いろよ」

と、カナちゃんが ちょっぴり ②くやしそうな かおを しました。

（竹田（たけだ）まゆみ「ネミちゃんの たからもの」）

(1) 「ネミちゃん」と「カナちゃん」が「山田せんせい」の ことを すきで ある ことが よく わかる ぶぶんを ぬき出しましょう。（20点）

（　　　　）

(2) 「①せんせいの かさ」は、どんな かさですか。七字で 書（か）きましょう。（10点）

□□□□□□□

(3) □の 中から、いろを あらわす ことばを 三つ ぬき出しましょう。（10点）

（　　　　）（　　　　）（　　　　）

(4) 「カナちゃん」が「②くやしそうな かお」を したのは、なぜですか。○を つけましょう。（10点）

（　）「ネミちゃん」は みずいろが よく にあうから。

（　）自分（じぶん）も「せんせい」と おなじ いろの かさが ほしかったから。

（　）はやく おとなに なりたいと 思（おも）ったから。

上級レベル 36 物語(3)

時間 20分　合かく 40点　とく点 ／50点

べん強した日（　月　日）

1 つぎの文章を読んで、あとのといに答えましょう。

「じいさま」は、雪のふる日に、かさを売りに出て、道ばたに、「じぞうさま」を見ました。

①「こっちのじぞうさまは、ほおべたにしみをこさえて。それから、このじぞうさまはどうじゃ。はなからつららを下げてござらっしゃる。」

じいさまは、ぬれてつめたいじぞうさまの、かたやらせなやらをなでました。

「そうじゃ。このかさこをかぶってくだされ。」

じいさまは、売りもののかさをじぞうさまにかぶせると、風でとばぬよう、しっかり、あごのところでむすんであげました。

ところが、じぞうさまの数は六人、かさこは五つ。②どうしても足りません。

「おらのでわりいが、こらえてくだされ。」

じいさまは、自分のつぎはぎの手ぬぐいをとると、いちばんしまいのじぞうさまにかぶせました。

「これでええ、これでええ。」

そこで、やっと安心して、うちに帰りました。

（岩崎京子「かさこじぞう」）

(1) ——①とありますが、「じぞうさま」はどのようになっていましたか。（10点）

ぬれて（　　　　）。

(2) 「じいさま」は、かさをかぶせるまえに、「じぞうさま」に何をしてあげましたか。（10点）

（　　　　）

(3) ——②は、どのようなことをあらわしていますか。「五」、「六」ということばをもちいて書きましょう。（10点）

（　　　　）

(4) 「じいさま」は、いちばんしまいの「じぞうさま」に何をしてあげましたか。（10点）

（　　　　）

(5) 「じいさま」は、どんな人ですか。○をつけましょう。（10点）

（　）やさしい気持ちをもつ人。

（　）自分のことだけ考える人。

（　）小さなこともこわがる人。

標準レベル 37

物語 (4)

1 つぎの 文章を 読んで、あとの といに 答えましょう。

〔たぬきの「タンゴ」は、きのこが たくさん はえて いるのを 見つけました。〕

タンゴは、ふろしきを 広げると、かたっぱしから きのこを とりました。

あたりは、いつの間にか、うすぐらく なって いました。

「①早く 帰らなくちゃ。」

ふろしきづつみを しょって、タンゴは いそぎ足で 歩きだしました。

その うちに、せなかの きのこが ずんずん おもたく なって きました。

「ああ、おもい、おもい。②もう 歩けないや。」

へたへたと すわりこんだ とき、

「タンゴやあ。」

「タンゴは どこだあ。」

お父さんや きょうだいたちの よぶ 声が 聞こえて きました。

「ここだよ。ここに いるよう。」

「③やれやれ、ぶじで よかった。」

④むかえに 来た みんなは、大きな ふろしきづつみを 見て びっくり。

その ばんの しょくじは、きのこじるでした。

（森山 京「いい もの もらった」）

(1) 「①早く 帰らなくちゃ」と 「タンゴ」が 思ったのは、なぜですか。（10点）

（　　　　）

(2) ふろしきづつみが どんどん おもたく なって いく ようすを あらわして いる ことばを、四字で ぬき出しましょう。（10点）

□□□□

(3) 「②もう 歩けないや」と 「タンゴ」が 思ったのは、なぜですか。（10点）

（　　　　）

(4) 「③やれやれ」とは、どのような 気持ちを あらわして いますか。○を つけましょう。（10点）

（　）あきれはてて いる 気持ち。
（　）やっと 安心した 気持ち。
（　）がっかりして いる 気持ち。

(5) 「④むかえに 来た みんな」とは、だれの ことですか。十二字で 書きましょう。（10点）

□□□□□□□□□□□□

べん強した日（　月　日）

時間 20分　合かく 40点　とく点　　50点

シール

物語 (4)

1 つぎの 文章を 読んで、あとの といに 答えましょう。

［「ぼく」が 大切に して いる 「クロ」は、とても 年を とった 犬です。］

「クロ、来い。」

ぼくが よんでも、走って きて くれなく なったし、さんぽにだって 行きたがらない。

うつらうつらと、昼も 夜も いねむりを するばっかり。

夜、おそく なってから、クロが、にわから さびしそうに よんで いる。

お父さんが、にわへ 下りて だっこして やって、リードも 外して ねかして やったのだった。

朝 おきたら、クロが いないんだもの。

あんなに 弱って いた クロが、かきねを くぐりぬけて どこかへ 行って しまうなんて。心ぱいだ。

わるい ことばかりが うかんで、うちじゅうで さがしに 走った。クロは、どこにも いなかった。どこへ 行って しまったんだ。クロの いない 家も にわも、ただ がらんと して、いきを 止めて しまって いる。

（宮川ひろ「クロは ぼくの 犬」）

(1) 「クロ」は、年を とって、どのように なりましたか。三つ 書きましょう。（一つ5点）

（　　　　）

（　　　　）

（　　　　）

(2) 「お父さん」が 「クロ」の リードを 外したのは なぜですか。（10点）

（　　　　）

(3) 「クロ」が いなく なって、「ぼく」は どう なりましたか。（15点）

（　　　　）

(4) 「クロ」が いなく なって、さびしく なった ようすを あらわして いる ことばを、家と にわに ついて 六字と 十二字で ぬき出しましょう。（一つ5点）

□□□□□□

□□□□□□□□□□□□

べん強した日（　月　日）

時間 20分

合かく 40点

とく点 ／50点

シール

べん強した日（ 月 日）

時間 20分　合かく 40点　とく点 /50点

1 つぎの 文章を 読んで、あとの といに 答えましょう。

〔「コウくん」は、「母さん」から もらった マフラーを 風に とばされて しまい、見つけられずに いました。〕

「あった。」

コウくんの マフラーは、林の 外れの くぼみに おちて いました。

草色の マフラーを とったら、ふきのとうが 三つ、とけかかった 雪の 間から、ちょっぴり 顔を のぞかせて いました。

「あ。」

にこっと して、①みんなが 顔を 見合わせました。

ねこやなぎの かたい つぼみが ゆれて、雪どけの においが しました。

②（おまえ、春を つれて きて くれたんだな。）と、コウくんは、心の 中で 北風に 言いました。

ヒュルル ヒュルルと 北風は わらって、海の 遠くに ふきすぎて いきました。

③海が、きらっと 草色に 光ったようでした。

（後藤竜二「草色の マフラー」）

(1) 春を かんじさせる ものを 五字で 二つ 書きましょう。（10点）

(2) ――①は、どのような 気持ちを あらわして いますか。○を つけましょう。（10点）

（　）おどろき　（　）よろこび

（　）いかり

(3) 「コウくん」が ――②と 思ったのは、なぜですか。□に 合う ことばを 書きましょう。（10点）

□□□□□□□を かんじたから。

(4) 北風が ふいて いる 音を あらわして いる ことばを 八字で ぬき出しましょう。（10点）

(5) ――③は、どのような ことを あらわして いますか。○を つけましょう。（10点）

（　）海が しずまり出した ようす。

（　）日が くれはじめた ようす。

（　）「コウくん」の 明るい 気持ち。

時間 20分　合かく 40点　とく点 ／50点

べん強した日（　月　日）

1 つぎの文章を読んで、あとのといに答えましょう。

〔「えり」は、弟の「りゅう太」や友だちの「こうじ」といっしょに山の中へあそびに行きました。〕

えりは、①あまりひろくないかわらに、しゃがみこみました。

「あたし、つかれちゃった。なんだかのどがかわいたなあ。」

「川の水、のみな。つめたくてうまいよ。」

こうじがはりにミミズをつけながらいい、りゅう太はさっそく両手で、水をすくってのみました。

「ほんとだ、つめたい。おねえちゃんも早くのみなよ。」

「②やだあ。川の水なんか、虫やかれはがういて、きたないじゃないの。」

③あたし、ジュースがのみたいの。」

えりがいうと、こうじは④目をぱちくりしました。

「そんなもん、ここにあるわけないずら。」

あたりまえです。わかっています。自分が足手まといになっている、と思うとしゃくにさわって、かえってかってなことをいってしまいます。

（井上よう子「山の中ぶつぶつ日記」）

(1) ①「あまりひろくないかわらに、しゃがみこみました」とありますが、そのようにしている「えり」のことをあらわしていることばを五字でぬき出しましょう。（15点）

□□□□□

(2) ②「やだあ」とは、どうすることについてのことばですか。（10点）

（　　　　　）

(3) ③「あたし、ジュースがのみたいの」と「えり」がいったのは、なぜですか。○をつけましょう。（15点）

（　）どうせだれも聞いてくれないと思ったから。

（　）もっとめいわくをかけてもいいと思えたから。

（　）まわりにあわせられず、はらを立てていたから。

(4) ④「目をぱちくりしました」とは、どんなようすをあらわしていますか。○をつけましょう。（10点）

（　）かなしみ

（　）いかり

（　）おどろき

標準レベル

41 かざりことば（1）

1 20 40 60 80 100 120（回）

べん強した日（　月　日）

時間	合かく	とく点
15分	40点	/50点

シール

1 （　）に あてはまる ことばを、あとから えらんで 書きましょう。（一つ2点）

① （　　　）なかま。
② （　　　）はと。
③ （　　　）海。
④ （　　　）いたみ。
⑤ （　　　）岩。
⑥ （　　　）おにぎり。

かたい　おいしい
あさい　くるしい
楽しい　白い

2 （　）に あてはまる ことばを、あとから えらんで 書きましょう。（一つ2点）

① （　　　）おか。
② （　　　）しごと。
③ （　　　）体。
④ （　　　）心づかい。
⑤ （　　　）町。
⑥ （　　　）歌声。

細やかな　なだらかな
かんたんな　じょうぶな
きれいな　にぎやかな

3 （　）に あてはまる ことばを、下から えらんで 書きましょう。（一つ2点）

① 大きい
大き（　　）う
大き（　　）た
大き（　　）とき
大き（　　）ば

い　けれ　かっ　かろ

② 元気だ
元気（　　）う
元気（　　）た
元気（　　）ない
元気（　　）なる
元気（　　）とき
元気（　　）ば

なら　だろ　で　に　な　だっ

4 ようすを あらわす ことばに、――を 引きましょう。（一つ1点）

① この 花は うつくしい。
② これより 大きな ものは ありませんか。
③ さびしい ときは 友だちと 話します。
④ 有名な 人の 本を 読みました。
⑤ この ごろは、日に 日に あたたかく なって います。
⑥ 兄は、へやで しずかに 本を 読んで います。

かざりことば（1）

時間 15分　合かく 40点　とく点　／50点

べん強した日〔　月　日〕

1 ——の ことばは どの ことばを くわしく して いますか。その ことばに ═══を 引きましょう。（一つ3点）

① きのう かわいい 犬を もらいました。

② 赤い、そして 大きな 夕日を 見ました。

③ 手紙には、かわいらしい 字が ならんで いました。

④ この、丸い はこに 入った ゆびわは、母の ものです。

⑤ あの 本棚の 上に ある、古い 時計を 見て。

2 ═══の ことばを くわしく して いる ことばに ——を 引きましょう。（一つ3点）

① きれいな ぼうしを かぶって 出かけます。

② 明るい 気持ちで 生きて いきたい。

③ その 人なら 前に 会った ことが あります。

④ さあ、いよいよ わたしたちの 出番が 来ますよ。

⑤ 姉は、みじかいけれど きれいな かみを して います。

3 しゅるいの ちがう ことばを えらんで、○で かこみましょう。（一つ1点）

① うれしい・太い・まれだ・めずらしい

② しんせんな・親しい・だいたんな・上手な

③ この・その・あの・どれ

④ 小さい・大きな・おさない・せまい

4 「こんな」「そんな」「あんな」「どんな」の いずれかを（　）に 入れましょう。ただし、同じ ことばを 二度 つかわない ことと します。（一つ4点）

① いろんな ノートが あるね。あなたは（　　）ノートが すきなの。

② 時間が 少ししか ないなんて、（　　）こと 言わないでよ。

③ きのう 行った お店だけど、（　　）に こんで いるとは 思わなかったね。

④ はい、これは わたしからの プレゼントです。（　　）ので ごめんね。

標準レベル 43

かざりことば(2)

時間 15分　合かく 40点　とく点 ／50点

べん強した日〔　月　日〕

1 ようすを　あらわす　ことばに、——を　引(ひ)きましょう。（一つ2点）

① とっさに　車を　よけました。

② いつも　にっこりと　わらう　人。

③ きのうは　雨が　はげしく　ふりました。

④ 兄(あに)は　ものごとを　いっしょうけんめいに　します。

2 （　）に　あてはまる　ことばを、あとから　えらんで　書(か)きましょう。（一つ3点）

① （　　　）あるく。

② （　　　）ふるえる。

③ （　　　）すべる。

④ （　　　）そだつ。

⑤ （　　　）見る。

⑥ （　　　）こする。

⑦ （　　　）回(まわ)る。

⑧ （　　　）ゆれる。

つるつる	ごしごし
のそのそ	くるくる
わなわな	ぐらぐら
すくすく	じろじろ

3 （　）に　あてはまる　ことばを、あとから　えらんで　書きましょう。（一つ2点）

① これは、新(あたら)しい　カメラなので、（　　　）うつります。

② あせを　かいたので、おふろに　入って（　　　）しよう。

③ すばらしい　音楽(おんがく)を　きいて（　　　）する。

④ だれも　いないようで、（　　　）して　いました。

⑤ なぜか（　　　）れんらくが　とだえました。

⑥ とても　大切(たいせつ)な　ことなので、（　　　）しらべます。

⑦ すごく　のどが　かわいて　いたので、（　　　）水を　のみました。

⑧ 家(いえ)の　まわりを　あやしい　男が（　　　）して　います。

⑨ あいてを　かべぎわに　おいつめました。（　　　）

ひっそりと	うっとりと
くっきりと	たっぷりと
じわじわと	うろうろと
さっぱりと	じっくりと
ぷっつりと	とっぷりと

かざりことば (2)

時間 15分　合かく 40点　とく点 ／50点　シール

べん強した日（　月　日）

1 ――の ことばは どの ことばを くわしく して いますか。その ことばに ＝＝を 引きましょう。（一つ3点）

① できるだけ ゆっくりと 話しました。

② 雨が しとしとと ふる 日に 出かけました。

③ とっさに、どう 答えたら いいのか 考えました。

④ その 子は、大きく 手を ふりながら 立って いました。

⑤ 友だちから ぷっつりと 手紙が 来ないように なりました。

2 ＝＝の ことばを くわしく して いる ことばに ――を 引きましょう。（一つ3点）

① 弟は 上手に 歌えました。

② 鳥が 海へと とび立つのを 見ました。

③ いそいで やったので、すぐに おわりました。

④ 大きな 家が りっぱに たちました。

⑤ ふと 気づいた ことを メモして おきました。

3 （　）に あてはまる ことばを、あとから えらんで 書きましょう。（一つ2点）

①（　　）一度 あそびに 来て ください。

②（　　）しっぱいしたら どう しよう。

③ 今日は（　　）あたたかく ない。

④（　　）ねむって いるようだ。

⑤（　　）そんな ことは あるまい。

⑥ あなたは（　　）だれですか。

⑦（　　）午後は 雨に なるだろう。

よもや	ぜんぜん
いったい	どうか
あたかも	もし
きっと	

4 「なぜ…か。」と いう ことばを つかって、みじかい 文を 作りましょう。（6点）

（　　　　　　　　）

標準レベル

45 いみを たすける ことば (1)

べん強した日（ 月 日）

時間	15分
合かく	40点
とく点	/50点

シール

1 (れい)に ならって、つぎの 文を 書きかえましょう。(一つ3点)

(れい) わたしを よぶ。→ わたしが よばれる。

① 弟を しかる。→（　　　）

② 魚を つる。→（　　　）

③ ボールを おとす。→（　　　）

④ 石を なげこむ。→（　　　）

⑤ 名前を 記す。→（　　　）

⑤ 花が さく。→（　　　）

2 (れい)に ならって、つぎの 文を 書きかえましょう。(一つ3点)

(れい) 弟が 行く。→ 弟を 行かせる。

① 車が 走る。→（　　　）

② 母が おこる。→（　　　）

③ 人が くる。→（　　　）

④ 子どもが あそぶ。→（　　　）

3 ―の ことばの 中で いみが ちがう ものを 一つ えらんで、○を つけましょう。(一つ5点)

①
（　）台風が やって くるそうだ。
（　）しゅくだいが やっと おわりそうだ。
（　）先生は ずっと いそがしいそうだ。

②
（　）だれか そこに いるように 思う。
（　）見本のように 作って ください。
（　）もう すぐ 晴れるように 聞いた。

③
（　）父は とても 男らしい 人です。
（　）この 家は どうも るすらしい。
（　）この 本は よく 売れて いるらしい。

④
（　）ぼくが かわりに 行こうと 思う。
（　）もう すぐ ねつも 下がるだろう。
（　）これから 本を 読もう。

上級レベル 46

いみを たすける ことば (1)

べん強した日（　月　日）

時間 15分　合かく 40点　とく点　50点　シール

1 ―の 「ない」の うち、「ぬ」に おきかえられる ものを すべて えらんで、○を つけましょう。(12点)

①（　）まだ 学校へ 行かない。
②（　）この 本は おもしろく ない。
③（　）あの 人が どこに いるか 知らない。
④（　）明日は 日曜では ない。

2 ―の 「た」の うち、「ている・てある」に おきかえられる ものを すべて えらんで、○を つけましょう。(12点)

①（　）兄は かぜを ひいた まま だ。
②（　）かべに かけられた 絵。
③（　）きのうは いい 天気だった。
④（　）父は、やっと しごとが おわったらしい。

3 ―の いみが ちがう ものを 一つ えらんで、○を つけましょう。(6点)

①（　）今日は だれも 来るまい。
②（　）二度と そんな ことは するまい。
③（　）かくして おけば 見つかるまい。

4 ―の ことばを ていねいな 言い方に かえて、すべて 書き直しましょう。(一つ3点)

① これは 母の 本だ。（　　）
② ぼくは サッカーを する。（　　）
③ 車が きゅうに 止まった。（　　）

5 ―の ことばを ていねいでは ない ふつうの 言い方に かえて、すべて 書き直しましょう。(一つ3点)

① 姉は 夕食を 作ります。（　　）
② 川が 光って きれいです。（　　）

6 ―の ことばに 「たがる」を つけて、すべて 書き直しましょう。(5点)

・弟は いつも 外に 行く。
（　　）

標準レベル

47 いみを たすける ことば (2)

べん強した日（　月　日）

時間 15分　合かく 40点　とく点　／50点　シール

1 （　）に、「は」「の」「を」「へ」の いずれかを 書きましょう。（一つ4点）

① たくさんの 人が えき（　）むかう。

② わたし（　）小学二年生です。

③ 姉は よく ピアノ（　）ひきます。

④ 公園は、わたしの 家（　）前に あります。

2 （　）に、「ので」「のに」の どちらかを 書きましょう。（一つ3点）

① 大きな 声で よんだ（　）、だれも 答えなかった。

② 雨が ふった（　）、道が ぬれて いる。

③ 弟は まだ 小さい（　）、一人で ねられない。

④ いそがしい（　）、母は えがおを たやさない。

3 つぎの 文を 読んで、「ぼく」が して いる ことを 二つ 書きましょう。（一つ2点）

ぼくは ねころびながら、テレビを 見ます。

（　）（　）

4 （　）に あてはまる ことばを、あとから えらんで 書きましょう。ただし、同じ ことばを 二度 つかっては いけません。（一つ2点）

① いくら 読んで（　）いみが わからない。

② お父さんが 行くなら、わたし（　）行くよ。

③ もっと はっきりと 言えば いい（　）なあ。

④ 姉と 妹は、いつも おしゃべり（　）して いる。

⑤ 氷を とかす（　）、水に なる。

⑥ いちばん 本を 読むのは いったい だれ（　）。

⑦ ここ（　）学校までは かなり 遠い。

⑧ 行くの（　）気を つけなさい。

⑨ 体が だるい うえに、今日は ねつ（　）出た。

かしら	ばかり	と
から	まで	だけ
でも	のに	も	なら

上級レベル 48

いみを たすける ことば (2)

時間 15分　合かく 40点　とく点　/50点

べん強した日（　月　日）

1 つぎの 文の いみを えらんで、○を つけましょう。（一つ5点）

① 子どもでも わかる ことだ。
（　）子どもなら わかるかも しれないような ことだ。
（　）子どもでも わかるような かんたんな ことだ。
（　）子どもでは わからないような むずかしい ことだ。

② 十分(じっぷん)ほど ねむった。
（　）だいたい 十分くらい ねむった。
（　）十分より 多(おお)く ねむった。
（　）五分(ごふん)しか ねむらなかった。

③ さっき 帰(かえ)った ばかりだ。
（　）帰ってから まだ 間(ま)が ない。
（　）ちょうど 今(いま) 帰る ところだ。
（　）帰った あと ずいぶん 時間(じかん)が たった。

④ これこそ ほしかった ものだ。
（　）これは あまり ほしく なかった。
（　）これも ほしい ものの 一つだ。
（　）まさしく これが ほしかった。

2 （　）に 入る ことばを、あとから えらんで 書(か)きましょう。（一つ5点）

① えんぴつや ノート（　）を 用意(ようい)して ください。

ぐらい　など　ほど　しか

② 毎日(まいにち) 書い（　） 読(よ)んだり して います。

たり　ても　ながら　て

③ 大会(たいかい)は ぼくたちの 学校（　） 行(おこな)われる。

へ　を　が　で

④ わたしは 国語(こくご)（　） 算数(さんすう)が すきです。

こそ　でも　より　も

⑤ 今度(こんど)は ぜひ いっしょに 花見（　） 行(い)きましょう。

と　に　の　より

⑥ まあ 一度(いちど)（　）なら いい だろう。

だけ　でも　しか　さえ

49 最上級レベル 5

時間 15分
合かく 40点
とく点
50点
べん強した日（　月　日）

1

——の ことばが くわしく して いる ことばに ＝＝を 引きましょう。（一つ2点）

① 山の 上に とても きれいな 月が 見えました。

② いすに すわって、しずかに 本を 読みました。

③ 長い 間 つたわって きた 有名な 話を 聞きました。

④ さっさと しゅくだいを すませて、あそびましょう。

⑤ 父は、古い りっぱな お寺を たずねるのが すきです。

2

（　）に あてはまる ことばを、あとから えらんで 書きましょう。（一つ5点）

① わるいと 思ったようで、（　　）して いました。

② なみだが（　　）ながれます。

③ 母は、（　　）わたしの しあわせを ねがって います。

④ 兄は 時計を（　　）はなそうと しません。

かたときも	いちずに
しおらしく	とめどなく

3

——の ことばの 中で いみが ちがう ものを 一つ えらんで、○を つけましょう。（一つ5点）

①
（　）先生に 名前を よばれる。
（　）先生が みんなに 話を される。
（　）いつも 先生に かわいがられる。

②
（　）兄は あすは いそがしいらしい。
（　）そこから うつくしい 山が 見えるらしい。
（　）父のような 男らしい 男に なりたい。

③
（　）この 花は 来週 さくそうだ。
（　）どうやら ひどい 雨に なりそうだ。
（　）大ぜいの 人が 集会に 来たそうだ。

④
（　）そこは 小さい ころ 行った 場所だ。
（　）赤く ぬった ポストが あそこに 見える。
（　）きのうは 友だちと 公園で あそびました。

50 最上級レベル ⑥

1 ━の ことばを くわしく して いる ことばに ──を 引(ひ)きましょう。(一つ4点)

① わたしが ほしかったのは、ピンクの ワンピースです。

② こんな おもしろい 本は めったに ありません。

③ この ハンバーグは とても おいしいです。

④ ゆっくりと 歩(ある)いたので、学校を ちこくして しまいました。

⑤ ワンワンと 犬が 鳴(な)くので、ようすを 見に 行(い)きました。

⑥ わたしの おばあちゃんは、となりの 町に すんで います。

2 ──の ことばの うち、しゅるいが ちがう ものを 一つ えらんで、○を つけましょう。(6点)

①（　）たくましい 体を した 人。

②（　）そうぞうしい 町を 出る。

③（　）いっせいに 学校から 帰(かえ)る。

④（　）なさけない 気持(きも)ちに なる。

3 つぎの 文の いみを 正しく あらわして いる ものを えらんで、○を つけましょう。(一つ5点)

① 水さえ あれば いい。

（　）水だけ あっても こまる。

（　）水も いいが、ほかの ものも ほしい。

（　）水だけが あれば まんぞくだ。

② 姉(あね)は 本を 読(よ)んでばかり いる。

（　）姉は 本を 読むが、ほかの ことも する。

（　）姉は 本を 読む こといがいは しない。

（　）姉は 本を 読む ことすら しない。

③ わたしにしか わからない ことだ。

（　）わたしだけが わかる ことだ。

（　）わたしにも わからない。

（　）わたしにも ほかの 人にも わかる。

④ ノートなどが いる。

（　）ノートと ほかの ものが いる。

（　）ノートだけ いる。

（　）ノート いがいが いる。

べん強した日〔　月　日〕

時間 15分

合かく 40点

とく点 　／50点

シール

べん強した日（　月　日）
時間 20分　合かく 40点　とく点　　50点　シール

1 つぎの文章を読んで、あとのといに答えましょう。

にんげんと、いちばんなかのよいどうぶつは？　それは犬です。やく五万年もまえ、せっきじだいといわれるころから、①犬は、せいじつなにんげんのともだちでした。

かりをてつだってくれる犬。
そりをひく犬。
まきばでひつじをまもる犬。
もんばんをする犬。
ガスもれをさがしてくれる犬。
そうなんした人をたすける犬。
まだまだあります。

目のふじゆうな人の目のかわりになって、みちあんないをしている犬に出あったことはありませんか。

そうです。②もうどう犬です。
ながのけんすわ市のたかしま小学校では、もうどう犬の赤ちゃんをそだてています。

（岩崎京子「もうどう犬の赤ちゃんをそだてる」）

(1) この文章は、何についてせつ明していますか。□に合うことばを書きましょう。（5点）

□についての

(2) ①「犬は、せいじつなにんげんのともだちでした」とありますが、そのれいは、ぜんぶでいくつ書いてありますか。数字で答えましょう。また、四番目に書いてあるれいを書きましょう。（一つ5点）

・数（　　）つ
・四番目（　　）

(3) ②「もうどう犬」とは、どんなことをする犬ですか。（10点）

（　　）

(4) この文章でしょうかいされている小学校は、どこの何小学校ですか。（10点）

（　　）

(5) (4)の小学校では、何をしていますか。（5点）

（　　）

(6) この文章にあてはまるものをえらんで、○をつけましょう。（10点）

（　）読む人をえらんでいる。
（　）読む人に語りかけている。
（　）読む人をさそっている。

時間 20分
合かく 40点
とく点 ／50点
べん強した日（ 月 日）
シール

1 つぎの 文章を 読んで、あとの といに 答えましょう。

たまごを うむ ばしょが きまると、アカウミガメは、すぐに あなを ほりはじめます。

（ ① ）、前足で、すなの ひょうめんの でこぼこを なくしながら、からだの 入る、ふかさ 二十センチメートルぐらいの あなを ほります。

（ ② ）、後ろ足を たがいちがいに つかって、じょうずに、たまごを うむ あなを ほりすすめます。後ろ足の 長さと おなじ、四十センチメートルぐらい ほりつづけます。はじめに 前足で ほった 分と 合わせると、六十センチメートルぐらいの あなが できあがります。その ふかさの すなの おんどは、昼でも 夜でも あまり かわりません。たまごから 子ガメが うまれるのに ちょうど よい おんどに なって いるのです。

あなが できあがると、アカウミガメは、しっぽの つけねに ある あなから、白い ピンポン玉のような たまごを、ぽとぽとと うみます。

（中東 覚「すなはまに 上がった アカウミガメ」）

(1) この 文章は、何に ついて 説明して いますか。○を つけましょう。（5点）

（　）アカウミガメの たまごは どのようで あるかに ついて。
（　）アカウミガメの 足の ようすに ついて。
（　）アカウミガメが たまごを うむ ときの ようすに ついて。

(2) （ ① ）・（ ② ）に 入る ことばを つぎから えらんで、記号で 答えましょう。（一つ5点）

ア しかし　イ つぎに
ウ まず　エ たとえば

①（　）　②（　）

(3) ウミガメの あなは どれくらいの ふかさに なりますか。（5点）

（　）

(4) ウミガメが ほった ふかさの すなの おんどは どのようですか。二つ 書きましょう。（一つ10点）

（　）
（　）

(5) ウミガメの たまごは 何に たとえられて いますか。（10点）

（　）

標準レベル

53 説明文(2)

時間 20分　合かく 40点　とく点 　／50点

べん強した日（　月　日）

シール

1 つぎの 文章を 読んで、あとの といに 答えましょう。

夏の 北海道。みずならの 木が、空に むかって、えだや はを 大きく 広げて います。

秋に なると、みずならの 木には、たくさん たくさん どんぐりが なります。

しばらく して、その どんぐりは、木の ねもとに おちはじめます。すると、おちた どんぐりを ひろいに、どうぶつたちが やって きます。

りすや ねずみなどは、どんぐりを、その 場で 食べるだけで なく、はこんで いって、すあなに たくわえたり、すあな 近くの 地面に うめたり します。冬に なると、食べる ものが なく なるので、秋の 間に ためて おくのです。

こう して、どんぐりは、木の ねもとの 地面だけで なく、木から はなれた 土の 中でも 冬を むかえる ことに なります。

やがて、さむくて 長い 冬が 来ます。みずならの 木は、すっかり はが おちて、はだかに なります。

りすや ねずみなどは、土の 中に ためて おいた どんぐりを 食べて、冬を すごします。

（こうやすすむ「どんぐりと どうぶつたち」）

(1) どんぐりは いつ なりますか。○を つけましょう。（10点）

（　）春　（　）夏　（　）秋　（　）冬

(2) どうぶつたちは、なぜ みずならの 木に やって くるのですか。（10点）

（　　　　）

(3) りすや ねずみは、どんぐりを どう しますか。□に 合う ことばを 書きましょう。（10点）

その □□□ に たくわえたり、□□□□□ に うめたり する。

(4) どんぐりは、どこで 冬を むかえますか。二つ 書きましょう。（一つ5点）

（　　　　）

（　　　　）

(5) りすや ねずみは 何を 食べて 冬を すごしますか。（10点）

説明文 (2)

べん強した日（　月　日）

時間 20分　合かく 40点　とく点 ／50点

1 つぎの 文章を 読んで、あとの といに 答えましょう。

町や 工場には、①大きな 強い 道具が たくさん あります。その 大きな 強い 道具は、わたしたちの うちで つかう、小さな 道具と 同じような はたらきを して います。ただ、大きな 道具は、小さな 道具より、早く、力強く、たくさんの しごとを やって います。

さて、②もっと ちがった 道具も あります。小さな ねじや、はぐるまや、ばねも、道具の 一つです。ねじや、はぐるまや、ばねは、たくさん あっても、それだけでは ほかの ことには つかえません。ところが、この ねじや、はぐるまや、ばねを、一つ 一つ まちがえずに 組み立てて ゆくと、やくに 立つ りっぱな 道具に なります。

この ③すてきな 自どう車だって、もとはと いえば 小さな べつべつの 道具だったのです。

このように、べつべつの 道具を うまく 組み合わせると、とても すばらしい、べんりな はたらきを する 道具に なるのです。

（加古里子「道具」）

(1) 「①大きな 強い 道具」は、どこに たくさん ありますか。(10点)

（　　　　　　）

(2) 「①大きな 強い 道具」は、どのように しごとを しますか。つぎの ことばに つづけて 書きましょう。(10点)

小さな 道具より（　　　　　　）

(3) 「②もっと ちがった 道具」の れいを、三つ 書きましょう。(10点)

□□　□□　□□□□

(4) 「③すてきな 自どう車」は、どのように して つくられましたか。(10点)

（　　　　　　）

(5) この 文章に あてはまる ものは どれですか。○を つけましょう。(10点)

（　）大きな 道具が たいせつだ。

（　）道具を うまく 組み合わせると、べんりな はたらきを する 道具に なる。

（　）小さな 道具には べんりな ものも ある。

標準レベル

55 説明文 (3)

時間 20分　合かく 40点　とく点　/50点

1 つぎの 文章を 読んで、あとの といに 答えましょう。

水の 中で、幼虫は、カワニナと いう 貝の 肉を 食べて そだちます。幼虫は、なんども だっぴを くりかえして 成長します。

つぎの 年の 四月の おわりごろ、カワニナを 食べて 大きく なった 幼虫は、雨の ふる 夜に、水の 中から 出て、川ぎしに 上がります。

川ぎしに 上がった 幼虫は、やわらかい 土に もぐりこみます。そして、まわりの 土を かため、「土まゆ」と いう 小さな へやを 作ります。

土まゆを 作ってから やく五週間後、ほたるの 幼虫は、ようやく さなぎに なります。はじめは 白っぽい さなぎの からだは、時間が たつに つれて、だんだん 色が こく なって いきます。

さなぎに なってから、やく二週間後、ほたるは、いよいよ 成虫に なります。

（佐々木昆「ほたるの 一生」）

(1) この 文章は、何に ついて 説明して いますか。（5点）

[　　　] の 成長に ついて。

(2) 幼虫は、水の 中で 何を しますか。□に 合う ことばを 書きましょう。（10点）

[　　　] を 食べながら、[　　　] を くりかえす。

(3) 幼虫は、いつ、水の 中から 川ぎしに 上がりますか。□に 合う ことばを 書きましょう。（10点）

つぎの 年の [　　　　　] の [　　　]。

(4) 幼虫は、川ぎしに 上がった あと、何を 作りますか。三字で 答えましょう。（10点）

[　　　]

(5) (4)は、どのように して 作られますか。（5点）

[　　　] を かためて 作られる。

(6) 幼虫は、さなぎに なった あと、どう なりますか。（10点）

（　　　　　）

上級レベル 56

説明文(3)

1 つぎの 文章を 読んで、あとの といに 答えましょう。

ひとつの メロディーと リズムさえ あれば、音楽は はじまりますが、君たちに なかよしの 友だちが いるように、いくつもの ①メロディーや リズムが いっしょに なると、もっと ずっと おもしろく なって きます。

ひとりじゃ できない あそびって、いっぱい あるよね。野球も そうだし、サッカーも そうだし、おにごっこや、かくれんぼうも そう。ときには けんかして、もう あそぶもんかと 思う ことも あるけれど、やっぱり ひとりで いては 楽しく ない。ケンカを しても、友だちと あそぶ ほうが、ずっと 楽しいでしょう。

いくつかの メロディーが いっしょに なると、ときには 音どうしが ぶつかって、②へんな ひびきに なる ことが あるけれど、でも、いろいろな 音が 聞こえて くるって、③とても すてきです。それを ハーモニー(和音)と いいます。ハーモニーは、音楽の れきしの なかでは、わりと 新しい 時代に なって できました。9世紀ぐらいだから、いまから、やく1100年まえだね。

(翠川敬基「音楽 だいすき」〈福音館書店〉)

(1) 「①メロディーや リズムが いっしょに なる」ことを 説明する ために、どんな れいを つかって いますか。□に 合う ことばを 書きましょう。(10点)

□□□ と あそぶ こと。

(2) 「②へんな ひびき」に なるのは、どんな ときですか。(10点)

(　　　)

(3) 「②へんな ひびき」は 何に たとえられて いますか。三字で ぬき出しましょう。(10点)

□□□

(4) 「③とても すてき」なのは、どんな ことですか。(10点)

(　　　)

(5) ハーモニーは、いつ できましたか。(10点)

(　　　)

べん強した日（　月　日）

時間 20分　合かく 40点　とく点　/50点

標準レベル

57 説明文（4）

1〜120（回）

べん強した日（　月　日）

時間 20分
合かく 40点
とく点　　／50点
シール

1 つぎの 文章を 読んで、あとの といに 答えましょう。

ジョウビタキは、秋から 冬に わたって くる 冬鳥です。

冬鳥は、むれを つくって 冬を こす ものが 多いのですが、ジョウビタキは 一羽ずつ、ナワバリを つくります。*はんしょくきを ともに した オスと メスでも 春まで 別れて くらします。ナワバリを もたないと、おたがいの エサを うばいあって、エサが たりなく なって しまうからです。

柿は 鳥たちに とって、きちょうな たべものです。オナガ、ムクドリ、ヒヨドリと、いれかわり たちかわり やって きて、じゅくした 柿を ついばんで いきます。ツグミは これらの 鳥の 中では いちばん 弱い 鳥なので、いつも さいごです。

鳥の 世界では、からだの 大きい ものが いばって います。でも、けっして ぜんぶ たべたりは しません。おなかが いっぱいに なると、すぐ とびさって、ほかの 鳥に ゆずります。

（嶋田 忠「雑木林の 鳥たち」）

*はんしょくき＝子づくりを する とき。

(1) この 文章に あてはまる ものは どれですか。○を つけましょう。（10点）

（　）鳥たちが どのように あらそうかを 書いて いる。

（　）鳥たちが どのように わたって くるかを 書いて いる。

（　）鳥たちが エサを 分け合う ことに ついて 書いて いる。

(2) 「一羽ずつ、ナワバリを つくります」と ありますが、そのように する のは、なぜですか。（10点）

（　　　　）

(3) 柿を さいごに たべる 鳥は 何ですか。（10点）

（　　　　）

(4) 鳥の 世界で いばって いるのは、どんな 鳥ですか。（10点）

（　　　　）

(5) からだの 大きい 鳥は、エサを ぜんぶ たべずに どう しますか。（10点）

（　　　　）

説明文(4)

時間 20分　合かく 40点　とく点　　/50点　シール

1 つぎの 文章を 読んで、あとの といに 答えましょう。

バイキンさえ ふせげれば、手を あらわなくても いいのでしょうか？

みなさんは、そとで ドッジボールや おにごっこ、なわとびなどを する ことが ありますね。

たいようの 下で 元気よく あそぶ――、

それは とても よい ことです。

（　　）、その あと いえに かえって、手を あらわずに ごはんや おやつを たべたら どうでしょう。そんな よごれた 手で たべて、おいしいと おもいますか？

学きゅうぶんこの 本を よんだり、音がくしつの がっきを つかったり、する ことが ありますね。

その とき、まえに つかった 人の 手で、よごれて いたら どうでしょう。気もちよく つかう ことが できますか？

じぶんや まわりの 人を 気もちよく する ためにも、手あらいは たいせつなのです。

（大垣和美「ごしごし てあらい」）

(1) バイキンを ふせぐ こと いがいに、何の ために 手あらいを すると いって いますか。れいと して あげられて いる ことを 二つ 書きましょう。（一つ10点）

（　　　　　　　　）

（　　　　　　　　）

(2) 「それ」は、どんな ことを さして いますか。（10点）

（　　　　　　　　）

(3) （　　）に 入る ことばを えらんで、記号で 答えましょう。（10点）

ア つまり　イ また　ウ けれど　（　　）

(4) この 文章に あてはまる ものは どれですか。○を つけましょう。（10点）

（　）ドッジボールや おにごっこを した あとでも、しょくじを しないので あれば、手を あらう ことは ない。

（　）毎日を 気もちよく すごす ためには、まめに 手を あらう ことが ひじょうに じゅうような ことで ある。

（　）人が つかった ものを じぶんが つかった ときは、かならず その あとに 手を あらうべきで ある。

標準レベル

59 主語と 述語（1）

時間 15分　合かく 40点　とく点 ／50点　シール

べん強した日〔　月　日〕

1 つぎの 文の 主語に あたる ことばに、——を 引きましょう。（一つ2点）

① 風が きゅうに つめたく なりました。

② 本が つくえの 上に あります。

③ わたしの 兄は 中学生です。

④ かべに かけて ある 絵は、とても すてきです。

⑤ みんなと あそぶのは おもしろいです。

⑥ ねえ、きれいだね、今日の 夕日は。

2 つぎの 文の 述語に あたる ことばに、〰〰を 引きましょう。（一つ2点）

① みんなと 学校へ 行く。

② あれが わたしの 家です。

③ わたしの 父は 小学校の 先生です。

④ 妹は、毎日 元気に あそびます。

⑤ わたしが いちばん すきな ものは 本です。

⑥ もう 学校へ 行ったよ、弟は とっくに。

3 つぎの 文の 主語には ——を、述語には 〰〰を 引きましょう。（一もん3点）

① 夜空に 丸く 大きな 月が かかる。

② 母は、夕方には しごとから 帰る。

③ ぼくの 父は 四十さいです。

④ この へんの 道は とても せまい。

⑤ 弟の いちばんの こうぶつは カレーライスです。

⑥ 学校に ある プールは ふかくて 大きい。

4 つぎの 文で、主語と 述語が そろって いる ものには アを、述語しか ない ものには イを、主語と 述語の いずれも ない ものには ウを 書きましょう。（一つ2点）

① おそく なったから、早く 帰ろう。（　　）

② さあ、さめない うちに どうぞ。（　　）

③ おばさんの 家には もう ずいぶん 行って いません。（　　）

④ 今日の 午後の 空は きっと よく 晴れるだろう。（　　）

主語と 述語 (1)

時間 15分　合かく 40点　とく点 ／50点

べん強した日〔　月　日〕

1 ①〜⑥の 文の しゅるいを 記号で 答えましょう。（一つ2点）

ア 何が（は）―何だ
イ 何が（は）―どうする
ウ 何が（は）―どんなだ

① はげしい 雨が ふる。（　）
② 母さんは いつも いそがしい。（　）
③ 父さんが しごとに 出かける。（　）
④ お正月には お年玉を たくさん もらった。（　）
⑤ きみの した 行動は とても りっぱだ。（　）
⑥ ここが いちばん 大きな 通りだ。（　）

2 つぎの 中から、文の しゅるいが ちがう ものを 一つ えらんで、記号で 答えましょう。（一つ4点）

① ア この 坂道は きゅうだ。
　 イ 弟は たいへん りこうだ。
　 ウ 足りないのは ノートだ。
（　）

② ア 友だちの 家へ 行った。
　 イ 日記に 思い出を 書いた。
　 ウ 本は いがいと 高かった。
（　）

3 つぎの 文の 主語には ――を、述語には 〰〰を 引きましょう（ただし、主語の ない 文も あります）。また、**1**の ア〜ウの どれに あたるか、記号で 答えましょう。（一もん3点）

① 東の 空から 朝日が ゆっくりと のぼる。（　）
② うちの ねこから 生まれた 子どもは、五ひきでした。（　）
③ 友だちの 家の へいは、とても 高いです。（　）
④ 夕方には、お寺の かねの 音が 町じゅうに ひびきます。（　）
⑤ テレビを 見ながらの しょくじを、母に しかられた。（　）
⑥ つぎの 日曜日は、まちに まった 運動会です。（　）
⑦ 風に そよぐ 木の葉の 音に、もう 春だなと 思った。（　）
⑧ 姉が わたしの うでを 強く 引っぱりました。（　）
⑨ この 店の ハンバーグは、とても おいしい。（　）
⑩ 父は あの 学校の 国語の 先生です。（　）

標準レベル

61 主語と 述語 (2)

1 つぎの 文の 主語と 述語を ぬき出して、書きましょう。ない 場合には ×を 書きましょう。(一つ3点)

① もう あつく なって きたのに、まだ 一度も 海へ 行って いません。
主語（　　）
述語（　　）

② 牧場の まん中で、牛が おいしそうに 草を 食べて います。
主語（　　）
述語（　　）

③ かべに かざって ある 大きな 絵は、父さんの たからものです。
主語（　　）
述語（　　）

④ 学校では 六年生が 大きな 声で ぼくに あいさつを して くれました。
主語（　　）
述語（　　）

⑤ 一度 外国へ 行って みたいと いう ゆめは、なかなか かないません。
主語（　　）
述語（　　）

2 (れい)に ならって、つぎの 文の 主語と 述語を 入れかえて 書きましょう。(一つ3点)

(れい) ぼくが 言いました。
→ 言ったのは ぼくです。

① 川が ながれて います。
（　　）

② みんなは いっせいに はくしゅしました。
（　　）

③ べんきょうするのは 大切な ことです。
（　　）

④ 言いたかったのは、この ことです。
（　　）

3 つぎの 文の しゅるいを あとから えらんで、記号で 答えましょう。(一つ4点)

① あの 店が 魚屋です。（　　）

② この 本は とても おもしろい。（　　）

ア 何が(は) ―どうする
イ 何が(は) ―どんなだ
ウ 何が(は) ―何だ

べん強した日〔　月　日〕

時間 15分
合かく 40点
とく点
50点

シール

上級レベル 62

主語と述語(2)

時間 15分
合かく 40点
とく点 　　50点

べん強した日〔　月　日〕

1 つぎの ことばを 正しく ならべかえて、文を 作りましょう。ただし、主語が ある 場合には、主語から はじめる ことと します。(一つ4点)

① かなり　雨が　ふり出した　はげしく

〔　　　　。〕

② いました　姉は　まよって　ノートを　買うのを

〔　　　　。〕

③ 花が　きて　たくさん　春が　ひらきました

〔　　　　。〕

④ つづけました　れんしゅうを　漢字を　わたしは　書く

〔　　　　。〕

2 つぎの 文で、主語と 述語の 間に ある ことば すべてに、──を 引きましょう。(5点)

台風の 夜は、家族の みんなが 大あわての ようすで、じゅんびを いそぎました。

3 つぎの 文の 述語に ──を 引き、ア「何だ」、イ「どうする」、ウ「どんなだ」の どれに あたるか、記号で 答えましょう。(一もん4点)

① なんて すてきな 風景だろう。〔　〕

② きみこそが ぼくの りそうの 人だ。〔　〕

③ 新しく できた 公園は、とても りっぱだった。〔　〕

④ となりに すむ 女の子が ねこと あそんで いる。〔　〕

⑤ 友だちから かりた 本は とても おもしろい。〔　〕

4 つぎの 文を 三つの しゅるいに 分けて、番号で 答えましょう。(9点)

① 父の 時計は いつも 正しい。

② にぎやかな 声が 聞こえた。

③ こん虫が 家の 中に 入った。

④ 弟も もう すぐ 一年生だ。

⑤ ここは とても しずかだ。

⑥ 姉の こうぶつは おいもです。

〔　と　〕〔　と　〕〔　と　〕

63 最上級レベル 7

べん強した日（　月　日）

時間 20分
合かく 40点
とく点　　　/50点
シール

1 つぎの 文章を 読んで、あとの といに 答えましょう。

①ろうそくに 火を つけると、ほのおが できます。

ろうそくの ろうは、油を かためた ものですから、とても もえやすいのです。

ろうは、おんどが ひくい ときは、白く かたまった ままです。この かたまった じょうたいを 固体と いいます。

②ろうそくの しんに 火を つけると、火の ねつで しんの ねもとの ところの ろうが とけて きます。この とけて ながれるような じょうたいを えき体と いいます。

えき体に なった ろうは、ろうそくの しんに すいこまれて いきます。そして、もえて いる しんの ところで、あつい ねつの ために 気体に かわります。

気体と いうのは、空気のように、目には みえない ものです。

気体に なると、ろうは ものすごく もえやすく なります。③それに くらべ、しんは なかなか もえません。しんよりも、気体に なった ろうの ほうが ずっと もえやすいので、④しんは ほとんど もえずに、ろうだけが もえるのです。

（久道健三「かがく なぜ どうして 二年生」〈偕成社〉）

(1) ――①の あと、ろうは 何の じょうたいに なって いきますか。じゅんに、三つ 書きましょう。（一つ6点）

（　　　）→（　　　）→（　　　）

(2) ――②と ありますが、そう すると ろうそくは どのように なりますか。（一つ6点）

（　　　）が とけて、（　　　）ような じょうたいに なる。

(3) ――③から、主語と 述語を それぞれ ぬき出しましょう。（一つ5点）

主語（　　　）

述語（　　　）

(4) ――④と ありますが、そのように なるのは、なぜですか。○を つけましょう。（10点）

（　）ろうも しんも もえやすいから。

（　）気体に なった ろうは、しんより もえやすいから。

（　）気体に なった ろうよりも しんが もえやすいから。

64 最上級レベル 8

時間	20分
合かく	40点
とく点	/50点

べん強した日〔　月　日〕

シール

1 つぎの 文章を 読んで、あとの といに 答えましょう。

カタツムリは、①はれた 日には なかなか みつかりません。木のはの かげや 草の 根もとに かくれて いるからです。雨あがりや、しっ気の 多い 夜に 外へ でて みましょう。えさを もとめて、木や はの 上を はいまわる カタツムリに であえます。

雨で しめった 地面や 木の みきを、カタツムリが、ゆっくりと はいだしました。

冬の あいだ、なにも 食べないで いた カタツムリは、はらぺこです。のんびりと はって いるように みえても、カタツムリは ②えささがしに いっしょうけんめいなのです。

カタツムリの えさは、やわらかい わかばや 木のめです。にゅっと つきだした しょっかくを ふりながら、だいすきな わかばや 木のめを かぎつけて、ちかよって いきます。

カタツムリは、ざらざらした したを すりつけ、はを けずりとるように して 食べつづけます。

こうして 一週間ほどで、冬みんの ときに つかって しまった 体力を とりかえします。

（小池康之「カタツムリ」〈あかね書房〉）

(1) ①「はれた 日には なかなか みつかりません」と ありますが、カタツムリは、いつ みつかりやすいですか。また、どのような 場所に いますか。（一つ10点）

いつ（　　　　）

場所（　　　　）

(2) 冬の あいだ、カタツムリは どのように すごして いますか。（10点）

（　　　　）

(3) ②「えささがし」と ありますが、カタツムリは なにを このんで 食べますか。（10点）

（　　　　）

(4) この 文章に 合う ものを えらんで、○を つけましょう。（10点）

（　）カタツムリは、はれた 日に えさを もとめて、外へ 出て くる ことが 多い。

（　）カタツムリは しょっかくから したを 出して、えさを 食べる。

（　）カタツムリは、しょっかくで えさを かぎつけて、したを 出して 食べる。

標準レベル 65

漢字の組み立て・ひつじゅん・画数(1)

時間 15分　合かく 40点　とく点 /50点

べん強した日（　月　日）

シール

1

漢字には、同じ部分をもつものがあります。（れい）にならって、つぎの漢字の同じ部分を見つけて、（　）に書きましょう。（一つ2点）

（れい）林・村・本（木）

① 海・汽・池（　）

② 絵・細・紙（　）

③ 記・計・読（　）

④ 花・草・茶（　）

⑤ 明・晴・星（　）

⑥ 遠・近・道（　）

⑦ 園・国・図（　）

2

つぎの漢字の↓の部分は何画目に書きますか。数字で答えましょう。（一つ2点）

① 毛（　）画目

② 当（　）画目

③ 考（　）画目

④ 門（　）画目

⑤ 鳥（　）画目

3

つぎの漢字の画数を数字で答えましょう。（一つ1点）

① 工（　）画

② 太（　）画

③ 合（　）画

④ 売（　）画

⑤ 里（　）画

⑥ 買（　）画

⑦ 長（　）画

⑧ 週（　）画

⑨ 雲（　）画

⑩ 数（　）画

4

つぎの漢字を画数の少ないものから多いものへと、じゅんに1～5の数字を書きましょう。（一もん4点）

①
汽（　）西（　）矢（　）父（　）刀（　）

②
風（　）夜（　）黄（　）算（　）声（　）

③
元（　）後（　）考（　）黒（　）作（　）

④
広（　）姉（　）寺（　）時（　）週（　）

上級レベル 66

漢字の組み立て・ひつじゅん・画数(1)

時間 15分 合かく 40点 とく点 /50点

べん強した日（　月　日）

1 漢字には、同じ部分をもつものがあります。そのことに気をつけて、つぎの二つの漢字を書きましょう。（一つ1点）

① つかれたので、□(からだ)を□(やす)める。

② □(とお)い□(みち)のりを歩いていく。

③ □(くも)が出て、やがて□(ゆき)がふってきた。

④ □(はる)の□(ほし)がまたたいている。

2 ひつじゅんの正しいほうの記号を○でかこみましょう。（一つ4点）

① ア 一 丆 万 万
　 イ 一 ア 万

② ア 丶 丷 丬 半 半
　 イ 丶 丷 䒑 兰 半

③ ア 𠃋 𠃌 母 母 母
　 イ 𠃋 𠃌 母 母 母

④ ア ノ 亻 仁 仃 何 何 何
　 イ ノ 亻 仁 仁 仃 何 何

⑤ ア ノ ⺈ ⺈ 角 角 角 角
　 イ ノ ⺈ ⺈ 角 角 角 角

3 つぎの漢字の中から、画数がことなるものを一つずつえらんで、記号で答えましょう。（一つ2点）

① ア 父　イ 元　ウ オ　エ 少　（　）

② ア 色　イ 市　ウ 光　エ 会　（　）

③ ア 活　イ 歩　ウ 明　エ 国　（　）

④ ア 夏　イ 高　ウ 絵　エ 馬　（　）

⑤ ア 朝　イ 鳴　ウ 聞　エ 読　（　）

4 つぎの①・②のそれぞれの漢字の部分を組み合わせて、六つの漢字を作りましょう。ただし、同じ部分を二度つかわないこととします。（一つ2点）

① 門　田　石　木　竹　糸

＋

② 合　交　氏　山　力　日

□ □ □ □ □ □

標準レベル

67 漢字の組み立て・ひつじゅん・画数（2）

1 つぎの 漢字の ↓の 部分は 何画目に 書きますか。数字で 答えましょう。（一つ2点）

① 丸（　）画目
② 止（　）画目
③ 方（　）画目
④ 心（　）画目
⑤ 作（　）画目

2 つぎの 漢字の 画数を 足すと、いくつに なりますか。数字で 答えましょう。（一つ2点）

① 外＋行＋今＝（　）
② 直＋内＋分＝（　）
③ 北＋用＋何＝（　）
④ 羽＋角＋公＝（　）

3 ひつじゅんの 正しい ほうの 記号を ○で かこみましょう。（一つ3点）

① ア 丶 亠 亣 六 交 交
　 イ 丶 亠 亠 六 交 交

② ア 丿 冂 冂 用 用
　 イ 丿 冂 月 月 用

4 漢字の 多くは、いくつかの 部分が 組み合わさって います。つぎの 漢字は、あとの ア・イの どちらですか。記号で 答えましょう。（一つ2点）

① 秋（　）　② 雪（　）
③ 思（　）　④ 頭（　）
⑤ 姉（　）　⑥ 茶（　）

ア 漢字の 左と 右の 組み合わせ

イ 漢字の 上と 下の 組み合わせ

5 つぎの 部分を もつ 漢字を、□の 数だけ 書きましょう。（一もん2点）

① 糸 □□□
② 言 □□□
③ 辶 □□
④ 山 □□
⑤ 氵 □□
⑥ 亻 □□□
⑦ 广 □□

べん強した日（　月　日）

時間 15分　合かく 40点　とく点 　/50点　シール

上級レベル 68

漢字(かんじ)の組(く)み立て・ひつじゅん・画数(かくすう)(2)

時間 15分　合かく 40点　とく点　50点

べん強した日〔　月　日〕

1 つぎの漢字(かんじ)の中から、画数(かくすう)がことなるものを一つずつえらんで、記号(きごう)で答(こた)えましょう。(一つ4点)

① ア 門　イ 夜　ウ 麦　エ 京　(　　)

② ア 知　イ 前　ウ 春　エ 星　(　　)

③ ア 買　イ 晴　ウ 場　エ 遠　(　　)

④ ア 読　イ 歌　ウ 顔　エ 聞　(　　)

⑤ ア 教　イ 鳴　ウ 野　エ 週　(　　)

2 つぎの漢字に ついて、四画目に書(か)く部分(ぶぶん)をえんぴつで太(ふと)くなぞりましょう。(一つ2点)

① 自　② 組

③ 谷　④ 回

⑤ 首　⑥ 寺

⑦ 引　⑧ 昼

3 つぎの漢字の中には、同(おな)じ部分をもつものが二つずつあります。それを見つけて、五組(くみ)を(れい)のように書きましょう。(10点)

晴　教　園　草　頭　何
回　茶　作　数　星　顔

(れい)　草 ― 茶

□ ― □　□ ― □　□ ― □　□ ― □

4 つぎの漢字のあいているところに入るものを あとからえらんで、漢字を作(つく)りましょう。(一つ1点)

① 舟 → □

② 角 → □

③ 女 → □

④ ⺮ → □

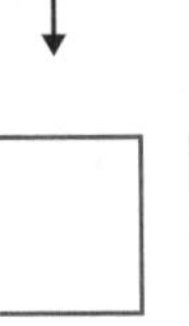

標準レベル 69

こそあどことば (1)

1～120(回)

べん強した日〔　月　日〕

時間 15分

合かく 40点

とく点　　/50点

シール

1 つぎの 表の ①～⑨に 入る ことばを 書きましょう。（一つ2点）

これ	それ	①	どれ
この	②	あの	③
④	そこ	⑤	どこ
こちら	⑥	あちら	⑦
⑧	そう	ああ	⑨

①（　　）②（　　）
③（　　）④（　　）
⑤（　　）⑥（　　）
⑦（　　）⑧（　　）
⑨（　　）

2 つぎの 文の ——が さして いる ことばを、ぬき出しましょう。（一つ3点）

① ここに ペンが ある。これは、だれのだろう。（　　）

② 本を 読んで ますね。それを 見せて ください。（　　）

③ 北の 方を 見て。あちらは もう 雨が ふって いますよ。（　　）

④ にわに 青い 花が さいて いる。あれは なんと いう 花だろう。（　　）

3 つぎの 文の ——の ことばが さして いる ことばを、それぞれ きめられた 字数で 書きましょう。（一つ4点）

① むこうに ある 絵が 見えますか。あれは 父が えがいた ものです。（七字）

② 大声で 話して いましたね。そういう ことは しない ほうが いいですよ。（七字）

③ 学校の うらに 公園が ありますね。あそこは まだ 行った ことが ありません。（十字）

④ 手を 大きく ふって いる 人が いる。あの 人は いったい だれだろうか。（十一字）

⑤ それは 知りませんでした。明日は 雨だとは。（七字）

　　　　こと。

上級レベル 70

こそあどことば (1)

時間 15分　合かく 40点　とく点 　/50点

べん強した日（　月　日）

1 つぎの 文の（　）に あてはまる ことばを、あとから えらんで 書きましょう。ただし、それぞれ あとの ――に ついて たずねる ときに つかう ものと して、同じ ことばを 二度 つかわない ことと します。（一つ5点）

① あなたは（　　　　）が ほしいですか。
→ わたしが ほしいのは これです。

② あなたの 家は（　　　　）に ありますか。
→ わたしの 家は この 町に あります。

③ 二つ ある うちの（　　　　）が いいですか。
→ わたしは こちらが いいな。

④ はやく 走るには（　　　　）すれば いいですか。
→ こう すれば、はやく 走れます。

どこ　どう　どれ　どちら

2 つぎの 文の ――が さして いる ことばに ══を 引きましょう。（一つ5点）

① とても かわいい ふくを きて いますね。それは どこで 買ったのですか。

② すてきな 国を ざっして 見ました。いつか あそこへ 行って みたいです。

③ ここに いくつか くだものが あります。これらは あなたの ために 用意した ものです。

④ 小さな ぼうしが おちて いますね。あれは だれの ものですか。

3 つぎの 文の ――の ことばが さして いる 内容を、それぞれ 十字から 十五字までで 書きましょう。（一つ5点）

① きのうは まったく ねむれませんでした。それは はじめての ことでした。

② あやうく 車に はねられそうだった。あんな 目には 二度と あいたく ない。

標準レベル 71

こそあどことば (2)

1 つぎの こそあどことばに あてはまるものを あとから えらんで、記号で 答えましょう。(一つ4点)

① これ・それ・あれ (　　)

② ここ・そこ・あそこ (　　)

③ この・その・あの (　　)

④ こう・そう・ああ (　　)

⑤ こちら・そちら・あちら (　　)

ア 下に ものの 名前が くる ことば。

イ ようすを さす ことば。

ウ ものを さす ことば。

エ 方向や 場所を さす ことば。

オ 場所を さす ことば。

2 つぎの 文の ――の ことばを さししめす ときに ふさわしい ことばを あとから えらんで、記号で 答えましょう。(一つ5点)

① きみの 手の 中に ある 本を 見せて ください。 (　　)

② この へやの 中には 三つの まどが あります。 (　　)

ア あれ　イ それ　ウ どこ

エ これ　オ ここ

3 つぎの 文の ――が さして いる ことばに ＝を 引きましょう。(一つ4点)

① わたしたちの 学校に つづく 道は、広くて りっぱです。そこには なみきが あって、春や 秋に なると、とても きれいに なります。

② おばけやしきに 入った ことが 一度だけ あります。あれは、ほんとうに わすれられない 思い出です。

③ 母は、毎週 おどりを 習いに 行く ことに して います。母は、そう する ことを もう 長い 間 つづけて います。

④ わたしは 水泳が あまり とくいでは ありません。また、はやく 走る ことも にがてです。わたしは どちらも とくいに なりたいです。

⑤ さあ、ゆっくり 話せる 場所を 用意しましたよ。こちらで いろいろ 話しましょう。

べん強した日（　月　日）

時間 15分

合かく 40点

とく点 　/50点

シール

上級レベル 72

こそあどことば (2)

べん強した日（　月　日）

時間 15分　合かく 40点　とく点 　/50点　シール

1 自分から 見て いちばん 近い ものを さししめす ときに つかう ことばを それぞれ えらんで、○で かこみましょう。（一つ5点）

① これ　それ　あれ　どれ

② その　あの　どの　この

③ そちら　こちら　あちら　どちら

④ あそこ　どこ　ここ　そこ

2 （　）の 中から 正しい こそあどことばを えらんで、○で かこみましょう。（一つ5点）

① さっきまで 小さな 子が ベンチに すわって いました。わたしは（あれ・これ・それ・どれ）を見ました。

② 今度 できた プールは とてもよく できた プールだそうです。（そう・そこ・そんな・そっち）には、水を きれいに する そうちが たくさん つけられて いるそうです。

③ わたしが 海の そばに 近づいて いったら、母は、遠くから（そっち・これ・ああ・どこ）は あぶないよと 教えて くれました。

3 つぎの 文の ——の ことばが さして いる 内容を、それぞれ きめられた 字数までで 書きましょう。（一つ5点）

① 父は、きょう 新しい ネクタイを しめて いました。わたしは それが 父に よく にあうと 思いました。（十字まで）

② テーブルの 上には たくさんの おさらが ならんで いました。わたしは それらを かたづけました。（二十五字まで）

③ 母は、小さい ころ アメリカの ある 町に すんで いたそうです。わたしは いつか そこを おとずれて みたいと 思って います。（二十五字まで）

73 最上級レベル 9

時間 15分 合かく 40点 とく点 /50点

べん強した日（　月　日）

1 つぎの 部分を もつ 漢字を、二つずつ 書きましょう。（一つ1点）

① 日 □□
② 氵 □□
③ 禾 □□
④ 女 □□
⑤ 雨 □□
⑥ 糸 □□
⑦ 竹 □□
⑧ 亻 □□

2 つぎの 漢字の 画数を 数字で 答えましょう。（一つ2点）

① 線（　）画
② 通（　）画
③ 強（　）画
④ 聞（　）画

3 つぎの 漢字の ↓の 部分は 何画目に 書きますか。数字で 答えましょう。（一つ2点）

① 東（　）画目
② 弓（　）画目
③ 近（　）画目
④ 図（　）画目
⑤ 家（　）画目

4 つぎの 文の ——が さして いる 内容を、できるだけ くわしく 書きましょう。（一つ4点）

① 人に やさしく する ことは 大切な ことです。でも、それは かんたんでは ありません。

（　　　　）

② わたしは 毎日 楽しく くらして います。それは 父と 母の おかげだと 思って います。

（　　　　）

③ 自転車に のると 楽しい きもちに なります。それだけで なく、きせつの うつりかわりを よく 感じる ことも できます。

（　　　　）

④ あれは ふしぎな できごとでした。はじめて 行った 場所なのに、来た ことが あるような 気が したのです。

（　　　　）

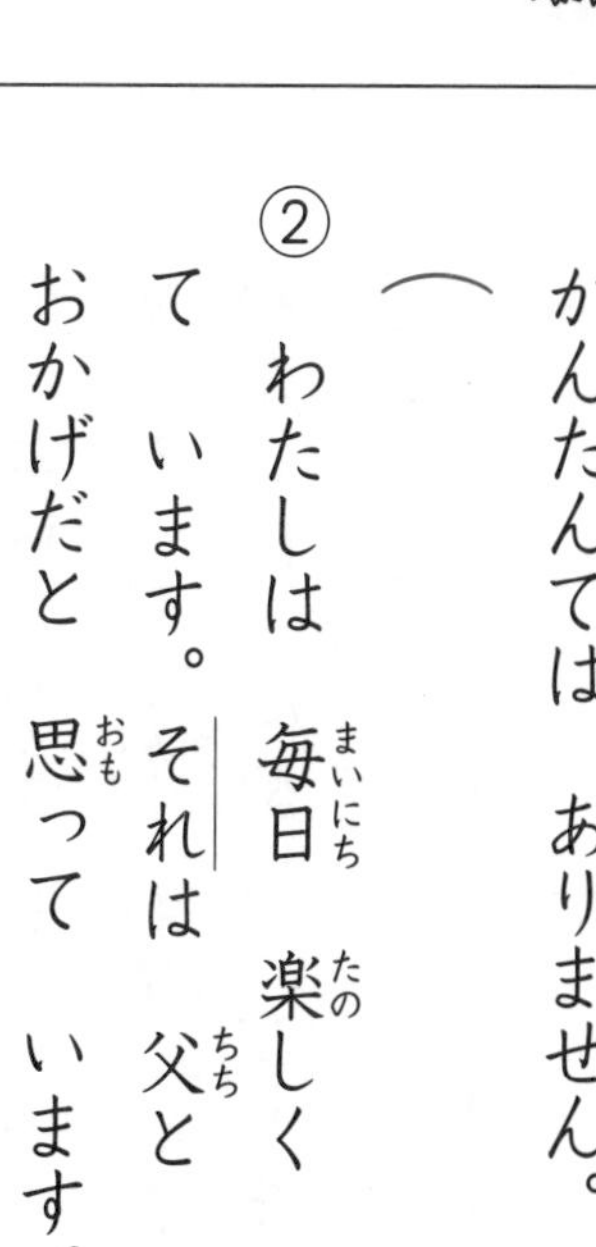

74 最上級レベル 10

べん強した日（　月　日）

時間 15分
合かく 40点
とく点 　/50点
シール

1 つぎの①・②の とき、どんな こそあどことばを つかいますか。（　）に あてはまる ことばを、あとから えらんで 書きましょう。（一つ2点）

① 話し手からも 聞き手からも 遠い ものを さす とき。

あれ・（　　）・（　　）

あちら

② 聞き手に 近い ものを さす とき。

（　　）・その・（　　）

（　　）

これ	それ	あそこ
あの	そこ	そちら

2 つぎの 漢字に ついて、五画目に 書く 部分を えんぴつで 太く なぞりましょう。（一つ2点）

① 話　② 晴　③ 岩

④ 園　⑤ 強　⑥ 馬

⑦ 鳥　⑧ 門

3 つぎの 文の ――の ことばが さして いる 内容を、それぞれ きめられた 字数までで 書きましょう。（一つ8点）

① さっき だれかが げんかんに 来たように 思えました。しかし、それは 気の せいだったようです。（二十字まで）

② 兄は、買って きた セーターを リビングに ある 白い ソファーの 上に おきました。そこには ずっと ねこが ねて いたので、わたしは 心配に なりました。（十六字まで）

③ わたしが わがままを 言ったので、友だちと 気まずく なりました。でも、友だちは それを 気に する こと なく やさしく して くれました。（三十字まで）

標準レベル 75

物語(5)

1 つぎの 文章を 読んで、あとの といに 答えましょう。

ベストは、なんとか、小早川くんの たんじょう日の まえの 日に できあがった。

「こんな ベスト、よろこんで くれるかなあ?」

つぎの 日、レイミは てれくさいので、めだたない かみぶくろに ベストを いれ、

「これ、たんじょう日。」

と、小さな こえで、小早川くんに わたした。

小早川くんも まわりに ともだちが いたので、だまって かみぶくろを うけとるだけだった。

それから レイミは、小早川くんが ベストの こと なにか いって くれるかなと きたいして いたけれど、なにも いって くれない。

「やっぱり、わたし へんな もの あげちゃったんだ。」

レイミは、もっと 小早川くんの よろこぶ ものを かんがえて あげれば よかったと、こうかいして いた。

(なかえよしを「青い 風の おもいで」)

(1) この 文章は どんな 場面を えがいて いますか。□に 合う ことばを 書きましょう。(10点)

「レイミ」が「小早川くん」の □□□□□□ に、おくりものを あげた 場面。

(2)「レイミ」は ベストを なにに いれましたか。(10点)

(　　　　　　)

(3)「レイミ」は ベストを どのように して わたしましたか。□に 合う ことばを 書きましょう。(10点)

□□□□□□ わたした。

(4)「レイミ」は ベストを あげた あと、どんな ことを きたいして いましたか。(10点)

(　　　　　　)

(5)「わたし へんな もの あげちゃったんだ」と かんがえた「レイミ」は、どう 思うように なりましたか。(10点)

(　　　　　　)

時間 20分　合かく 40点　とく点 /50点

べん強した日（　月　日）

上級レベル 76

物語(5)

1 つぎの　文章を　読んで、あとの　といに　答えましょう。

「ねえ　母さん、うちで　かっても　いい？」

ぼくが　そう　いうと、ケイ子*も　いのるような　目で[①]　母さんを　見た。

「うちでは[②]　かえないのを　知って　いるでしょ」

母さんは　かなしそうに　いった。

ほんとうは　どうぶつが　すきで、テレビに　犬や　ネコが　出ると、いつも　うれしそうに　見て　いるのだけれど、からだが　あまり　じょうぶでは　ないので、どうぶつの　世話を　するのは　むりだと、いつも　いって　いた。

「ぼくらが　ちゃんと　世話を　するからさぁ」

「一ぴきで　いいから。ね、おねがい」

ケイ子も　けんめいに　たのんだけれど、母さんの　へんじは[③]　かわらなかった。

「いくら　かわいくても、どうぶつは　オモチャじゃ　ないのよ。生きて　いるの。その　小さな　いのちを　まもって　やるのは、あなたたちが　考えて　いる　ほど　かんたんな　ことじゃ　ないのよ」

ダンボールばこの　中で　ふるえて　いる　子ネコたちを、じっと　見て　いた　母さんの　目に、なみだが　あふれて　きた。

（長島一郎「すてネコを　ひろってから」）

*ケイ子＝「ぼく」の　妹。

(1)　この　文章は　どんな　場面を　えがいて　いますか。(20点)

（　　　　　　　　）

(2)　──①と　同じように、「ケイ子」の　ねっしんな　ようすを　あらわす　ことばを　五字で　ぬき出しましょう。(10点)

□□□□□

(3)　「母さん」が　──②と　いうのは　なぜですか。○を　つけましょう。(10点)

（　）子どもたちは　すぐに　あきて　しまうと　思ったから。

（　）自分の　からだが　弱いので、世話が　できないから。

（　）子ネコは　強く　ないので、かうのが　たいへんだから。

(4)　──③と　ありますが、どのような　へんじでしたか。□に　合う　ことばを　書きましょう。(10点)

どうぶつを　かうのは　□□□□□□□□か　ら　だめだと　いう　へんじ。

時間　20分　合かく　40点　とく点　　/50点

べん強した日（　月　日）

べん強した日（　月　日）

時間	合かく	とく点
20分	40点	/50点

シール

1 つぎの 文章を 読んで、あとの といに 答えましょう。

のりこは、とうさんに ゆでたまごの 作りかたを 教わった。

とうさんは なかなか うまく いかなかった。どうして うまく いかなかったかが、少しずつ わかって きて、つぎは どう やるのか 考えた。それでも やっぱり うまく いかなかった。①とうさんは あきらめなかった。なんどでも やりなおした。なんどでも。

そのうち、少しずつ こつが 見えて きた。

—ここを こう やれば…… ほらと いう ぐあいに なって いった。

—うまく いったぞ！

そこの ところを ちゃんと おさえて 教えて くれたから、のりこには こつが 少し 早く 見えて きて くれた。

—のりこの ほうが おぼえが 早い。

—のりこの ほうが のみこみが いい。

—のりこの ほうが……。

とうさんが 本気で そう いって くれるから、②のりこも うれしく なる。

うれしいと 手つきも よく なる。

（今江祥智「ゆきねこちゃん」）

(1) 「とうさん」と 「のりこ」は 何を つくって いますか。(10点)

（　　　　）

(2) ——①と ありますが、なぜ 「とうさん」は そう したのですか。○を つけましょう。(15点)

（　）のりこに ちゃんと 教えて あげたかったから。

（　）のりこに そんけいされたいと 思って いたから。

（　）のりこが 見て いるので、ごまかせなかったから。

(3) ——②は、なぜですか。□に 合う ことばを 書きましょう。(10点)

「とうさん」が □ で ほめて くれるから。

(4) 「とうさん」は どんな 人ですか。○を つけましょう。(15点)

（　）いいかげんな ことを ゆるさない、きびしい 人。

（　）めんどうな ことを いやがるが、たよりに なる 人。

（　）子どもを 大切に して くれる、やさしい 人。

上級レベル 78

物語(6)

1 つぎの 文章を 読んで、あとの といに 答えましょう。

「さくら子」

①ママの 手が、さくら子の かみを すっと なでた。

「うそ ついちゃ だめ。花びんを こわしたのは、しかたないわ。わざと じゃ ないんでしょ。だけど、あやまる ことは、ちゃんと あやまらなきゃ。ね」

「ママ」

「ママ いつも 言ってるでしょ。しっぱいしたり、まちがった ことを したら、ちゃんと あやまるの。それが、たいせつな ことでしょ。さくら子は、おねえさんなんだから、さくら子の する ことを 杏里は、ぜんぶ 見てて、まねするように なるんだから。ちゃんと して」

②まちがって いるのは、ママの 方だ。わたしの 言う ことを ちゃんと 聞かないで、かってな ことばっかり 言ってる。こう いうの ムジツの ツミって いうんだ。

言いたい ことは、ちゃんと あるのに うまく 言えない。言おうと したら、なみだが 出た。

くやしかった。ちゃんと 聞いて くれない ママにも、うまく 言えなくて ないて しまう 自分にも くやしかった。（あさのあつこ「いえでででんしゃ」）

(1) ——①には、「ママ」の どんな 気持ちが あらわれて いますか。○を つけましょう。（10点）

（　）いら立ち　（　）あせり

（　）やさしさ

(2) ——②は、「ママ」が どのように 思いこんで いる ことを いって いますか。（15点）

［　　　　　　　　　　］

(3) 「さくら子」の 気持ちに あてはまる ものに ○を つけましょう。（10点）

（　）めんどうで、はら立たしい。

（　）みじめで、もうしわけない。

（　）くやしくて、なさけない。

(4) 「ママ」は どんな 人ですか。○を つけましょう。（15点）

（　）きめつけるものの、「さくら子」の ことを 考えて くれる 人。

（　）自分かってで あり、「さくら子」の ことを むしする 人。

（　）「さくら子」の ことが きらいだが、それを かくす 人。

1 20 40 60 80 100 120（回）

べん強した日（　月　日）

時間 20分

合かく 40点

とく点　50点

シール

標準レベル 79

物語(ものがたり)（7）

1 つぎの 文章(ぶんしょう)を 読(よ)んで、あとの といに 答(こた)えましょう。

〔電車(でんしゃ)が ゆれて、とまりました。〕

みんなは、

「ちえっ！ うんてん手の やつ、いねむりでも して いたのに ちがいない。」

と いって、ぷりぷり おこりだした。

「気を つけろ、へたっくそな うんてんを するな。」

①「ねぼすけうんてん手の ばかやろう！」

②うんてん手は、いねむりを して いたのでは なかった。

だが、うんてん手は、みんなの ほうを ふりむくと、③電車を とめた いいわけは、なんにも しないで、ただ、

「すみません、すみません。」

と いって、ていねいに あやまった。

そして、むきなおると、まっすぐ まえを むいて、しずかに 電車を うごかしはじめた。

うんてん手が 電車を とめたのは、せんろを よこぎろうと する、小さな ネコの 子を、ひきころすまいと したからで あった。（中略(ちゅうりゃく)）

だから、その ことで、みんなから、どんなに どなりつけられても しかたが ないと、うんてん手は、思(おも)った。

（花岡大学(はなおかだいがく)「とまった 電車」）

(1) 電車に のって いる 人たちが おこって いる ようすを よく あらわして いる ことばを 四字で ぬき出しましょう。（10点）

(2) ①「ねぼすけうんてん手」と よんだのは、なぜですか。（15点）

(3) ②「うんてん手は、いねむりを して いたのでは なかった」と ありますが、「うんてん手」は なぜ 電車を とめたのですか。（15点）

(4) ③「電車を とめた いいわけは、なんにも しないで」と ありますが、そのように したのは、なぜですか。○を つけましょう。（10点）

（　）りゆうを いえば、もっと しかられると 思ったから。

（　）人には いえない ような 小さな りゆうだったから。

（　）どなられても しかたが ないと、思ったから。

時間 20分 合かく 40点 とく点 ／50点

べん強した日（ 月 日）

時間 20分 合かく 40点 とく点 ／50点

シール

1 つぎの 文章を 読んで、あとの といに 答えましょう。

ぼくの うちに、もうすぐ 赤ちゃんが 生まれる。お兄ちゃんに なるなんて、そりゃ はじめは うれしかった。でも、でも、どうしてなの？ ぼくの おもちゃなんて どんどん しまわれて、子どもべやは 赤ちゃんの ものばかり。

「お父さん！ ねえ、お母さん。」

だれにも、ぼくの 声は 聞こえない。ぼくは、①とうめい人間に なっちゃったのかな。

「赤ちゃんの 予定日には、まだ けっこう あるけど、いい子に してろよ。おまえも、もう 小学生なんだから。それに、なんて いったって お兄ちゃんに なるんだからな。」

車の スピードが あがる。目の 前に、青い 海が 広がった。

おじいちゃんの 家は、②なんだか くらくて かびくさかった。

「どうした、ふみや。もっと 食べなさい。なあに、赤んぼうが 生まれれば、すぐに むかえに 来て くれる。それまでの しんぼうだ。」

「べつに 生まれて こなくたって いいのに……。」

③おじいちゃんが、じっと ぼくを 見た。

（緒島英二「海の 光」）

(1) ——①と、「ぼく」が 思ったのは、なぜですか。○を つけましょう。（10点）

（　）だれもが 自分と 話すのを いやがるように なったから。

（　）だれも 自分の ことを かまって くれなく なったから。

（　）自分が いられる 場所が どこにも なくなったから。

(2) 赤ちゃんが 生まれると、「ぼく」は 何に なりますか。□に 合う ことばを 書きましょう。（10点）

□□□□□ に なる。

(3) ——②は、「ぼく」の どのような 気持ちを あらわして いますか。○を つけましょう。（10点）

（　）ふさぎこんだ 気持ち。

（　）わくわくする 気持ち。

（　）おびえて いる 気持ち。

(4) ——③は、なぜですか。（10点）

（　　　　　　　　　　）

(5) 「おじいちゃん」の 気持ちに 合う ものに ○を つけましょう。（10点）

（　）よろこび　（　）おそれ

（　）心配

標準レベル

81 記ろく文・意見文 (1)

べん強した日（　月　日）

時間 20分

合かく 40点

とく点　　/50点

シール

1 つぎの 文章は、ある 男の子の 作文です。**これを 読んで、あとの といに 答えましょう。**

かぞくで 遠くの ゆうえんちに 行く ために、電車に のって、出かけました。どきどきしました。電車に のったのは、これが はじめてだったからです。

せきに すわって、ゆうえんちが どんな ところか、いろいろと 考えました。でも、お母さんや お父さんは、きのうの やきゅうの 話を して いました。つぎは、一人で 行きたいなと 思いました。

電車には しゃしょうさんが のって いました。じょうきゃくは、おじいさん、おばあさんが、おおかったです。

ざせきは、ふかみどりいろの いすを つなげて できて いました。むかいあわせの せきも ありました。

ぼくは、はしの しゃりょうまで 行って みました。しゃしょうさんが ぼくに 気づいて、おじぎを して くれました。駅に つく たびに しゃしょうさんは いそがしそうでした。しゃしょうさんの へやは いろいろな 道具が あって、おもしろそうだなあと 思いました。

(1) この 文章に あてはまる ものに ○を つけましょう。（10点）

（　）電車の 中で こまった ことを いくつか 書いて いる。

（　）電車の 中で 教わった ことを たくさん 書いて いる。

（　）電車の 中で 見た ことを 細かく 書いて いる。

(2) 「男の子」は なぜ 電車に のったのですか。□に 合う ことばを 書きましょう。（10点）

かぞくで □□□□ に 行く ため。

(3) 「男の子」は、はじめて 電車に のって、どう かんじましたか。（15点）

（　　　　　　　　）

(4) 人の ほかに、「男の子」が 電車の 中で 見た ものを、□に 合う ことばで 三つ ぬき出しましょう。（一つ5点）

・□□□□□□□□

・□□□□□□□

・□□□□□□□

記ろく文・意見文 (1)

べん強した日〔　月　日〕

時間 20分　合かく 40点　とく点 　　50点　シール

1 つぎの 文章は、「サーブ」と いう 名前の もうどう犬が した ことを 書いた ものです。**これを 読んで、あとの といに 答えましょう。**

目の まえに つっこんで くる かいじゅうのような 車！ もう よけられません！ サーブは ＊かめやまさんを かばって、左まえに でてました。ハーネスに ひっぱられて、左うしろに よろける かめやまさん。つぎの しゅんかん、サーブは 車に むかって とびかかって いました。

「ドーーン！」

かめやまさんの からだが ふわっと うきあがりました。でも、車の しょうめんに あたったのでは ありません。サーブの おかげで からだが よろけて、車の よこに はねられただけでした。それで、いのちは たすかりました。

かめやまさんは おきあがり、ひたいから ちを ながしながら、見えない 目で サーブを さがしました。

（手島悠介「えらいぞ サーブ！ 主人を たすけた 盲導犬」）

＊かめやまさん＝サーブの かいぬしで、目が ふじゆうな 人。

---

(1) 車の おそろしさを たとえて いる ことばを 五字で ぬき出しましょう。(10点)

□□□□□

(2) 「かめやまさん」が 車に ひかれそうに なった とき、「サーブ」は どう しましたか。(10点)

（　　　　　）

(3) 「かめやまさんの からだが ふわっと うきあがりました」と ありますが、そのように なったのは、なぜですか。(10点)

（　　　　　）

(4) 「かめやまさん」は どう なりましたか。(10点)

（　　　　　）

(5) 「サーブ」は どんな 犬ですか。○を つけましょう。(10点)

（　）おくびょうで 弱い 犬。

（　）ひどく らんぼうな 犬。

（　）たいへん ゆうかんな 犬。

郵便はがき

550-0013

お手数ですが
切手をおはり
ください。

大阪市西区新町3-3-6

受験研究社

愛読者係 行

●ご住所 □□□-□□□□

TEL(　　　　　　)

●お名前　　※任意 (男・女)

●在学校 □保育園・幼稚園 □中学校 □専門学校・大学 □小学校 □高等学校 □その他 (　　) 学年 (歳)

●お買い上げ書店名 (所在地) 書店 (市区町村)

★すてきな賞品をプレゼント！

お送りいただきました愛読者カードは、毎年12月末にしめきり，抽選のうえ100名様にすてきな賞品をお贈りいたします。

★LINEでダブルチャンス！

公式LINEを友達追加頂きアンケートにご回答頂くと，上記プレゼントに加え，夏と冬の特別抽選会で記念品をプレゼントいたします！

※当選者の発表は賞品の発送をもってかえさせていただきます。 https://lin.ee/cWvAhtW

株式会社 増進堂・受験研究社

愛読者カード

本書をお買い上げいただきましてありがとうございます。あなたのご意見・ご希望を参考に，今後もより良い本を出版していきたいと思います。ご協力をお願いします。

1. この本の書名（本のなまえ）　　お買い上げ　年　月

2. どうしてこの本をお買いになりましたか。

□書店で見て　□先生のすすめ　□友人・先輩のすすめ　□家族のすすめで　□塾のすすめ　□WEB・SNSを見て　□その他（　　）

3. 当社の本ははじめてですか。

□はじめて　□2冊目　□3冊目以上

4. この本の良い点，改めてほしい点など，ご意見・ご希望をお書きください。

5. 今後どのような参考書・問題集の発行をご希望されますか。あなたのアイデアをお書きください。

6. 塾や予備校，通信教育を利用されていますか。

塾・予備校名［　　］

通信教育名　［　　］

企画の参考，新刊等のご案内に利用させていただきます。　2023.11

記ろく文・意見文 (2)

べん強した日（　月　日）

時間	20分
合かく	40点
とく点	/50点

シール

1 つぎの 文章を 読んで、あとの といに 答えましょう。

家や 学校の 外には、きけんな 場所が たくさん あります。

①工事げん場や しざい・ざい木おき場などでは、ものが おちて きて けがを する ことが あります。しごとを して いる おとなも、ヘルメットを かぶるなど、あんぜんには とても ちゅういして いる 場所です。つまり、きけんだらけと いう ことですよね。

また、地形に ②よっても きけんが ひそんで います。川や 池や ダム などでは 水に おちて おぼれる ことが あるし、がけから おちれば、けがを します。山で まよったと いう 話も、よく 耳に します。

「君子 あやうきに 近よらず」と いう ことわざが あります。かしこい 人は、きけんに 近づかないと いう いみです。おぼえて おきたい ことばですね。

また、③人の 多い、少ないが きけんに かかわる ことも、知って おくと よいでしょう。

人が 多い にぎやかな ところでは、じけんが おきやすいので、まきこまれる 心配が あります。はんたいに、さみしい 公園などでは、何かが おきても、たすけて くれる 人が いません。

（斉藤 洋と キッズ生活探検団「おぼえて おこう 安全大作戦」）

(1) この 文章は 何に ついて 書いて いますか。○を つけましょう。（10点）

（　）きけんと あんぜんの ちがい。

（　）あんぜんを まもる 方法。

（　）あんぜんに あそぶ 方法。

(2) ――①は なぜ きけんなのですか。（10点）

（　　　　）

(3) ――②と 同じような れいを 二つ ぬき出しましょう。（一つ5点）

・□　・□

(4) ――③と して、どんな 場所が あげられて いますか。八字と 六字で ぬき出しましょう。（一つ5点）

・人の 多い 場所 □

・人の 少ない 場所 □

(5) この 文章では、どんな ことを すすめて いますか。（10点）

（　　　　）

べん強した日〔　月　日〕

時間 20分
合かく 40点
とく点 ／50点
シール

1 つぎの 文章は、外国に すむ 女の子に ついて 書いた ものです。**これを 読んで、あとの といに 答えましょう。**

サビトリちゃんは、家族の ために 水を くみに いかなければ ならないので、学校に 行けません。水は 生きる ために ひつような ものだから、毎日、川まで 4時間 かけて 水を くみに いきます。

サビトリちゃんたちが つかって いる 水がめは、水を 入れると、おもさは 15kgにも なります。もって みると、かなり おもいです。それを サビトリちゃんは、おでこで ささえて、下の 川から 上の 家まで はこぶんです。

日本では、水道を ひねると きれいな お水が じゃーっと 出て きますよね。

みなさんは、水が のめない なんて そうぞうするのも むずかしいと 思うんだけど、世界の ほかの 国々では、水道が なくて、遠くの 池や 川や 井戸まで 毎日 水を くみに いかなくては ならない 人たちが たくさん います。

お父さんも お母さんも はたらいて いる 家では、子どもたちに 水くみを させる ことが あります。

その ために 学校に 行けず、水くみだけで 一日 おわって しまう、サビトリちゃんのような 子どもたちも いるんです。

（真珠まりこ「もったいないばあさんと 考えよう 世界の こと」）

---

(1) 「サビトリちゃん」は、水くみを するのに、毎日 どこへ 何時間 かけて 行きますか。（10点）

（　　　　）

(2) 「サビトリちゃん」の 水がめは どんな ものですか。また、それを どのように して ささえますか。（10点）

（　　　　）

(3) 日本では どのように して 水を 手に 入れますか。（10点）

（　　　　）

(4) 水を 手に 入れる ために どう する 人たちが 世界には 多く いますか。（10点）

（　　　　）

(5) 「子どもたち」が 学校に 行かず、水くみに 行くのは、なぜですか。（10点）

（　　　　）

標準レベル

85 記ろく文・意見文 (3)

べん強した日（　月　日）

時間 20分　合かく 40点　とく点　／50点

1 つぎの 文章を 読んで、あとの といに 答えましょう。

「わたし」は 車に ひかれて しんだ イヌを 見つけ、道の わきに あなを ほって いました。

「おくさん、なにを して いるんですか。」

わたしは、ほって いる 手を やすめ、その わかい うんてん手を 見あげ、

「イヌが 車に ひかれて しんで いたの。かわいそうだから、うめて やろうと 思って。」と いいました。

わたしの 話が 終わるか 終わらない うちに、わかい うんてん手さんは、サッと 車から おりて きて、

「女の人では、この 土を ほるのは むりでしょう。」

と いって、てつだって くださったのです。そして――、

「車で はねた 人は、せめて ぶじか どうか たしかめ、もし だめで あれば、手あつく ほうむって やるくらいの ことは、できないのかなぁ。それに しても、おくさんは、ほんとうに やさしい 人だね。」

と いいのこして、また、ダンプカーを うんてんして さって いきました。

（角谷智恵子「富士号と 太郎の すてきな 家族」〈ポプラ社〉）

(1) 「わたし」は 何の ために あなを ほって いたのですか。(10点)

（　　　　）

(2) 「うんてん手さん」は、なぜ 「わたし」を てつだったのですか。(10点)

（　　　　）

(3) 「うんてん手さん」は、イヌを 車で はねた 人が どう するべきだと 考えましたか。(10点)

（　　　　）

(4) 「うんてん手さん」は、「わたし」の ことを どう 思いましたか。十字で 答えましょう。(10点)

(5) この 文章に あてはまる ものに ○を つけましょう。(10点)

（　）「わたし」が かんじた ふしぎさが よく つたわる。

（　）「わたし」の ふかい はんせいが よく つたわる。

（　）「うんてん手さん」の 人がらの よさが よく つたわる。

記ろく文・意見文 (3)

時間 20分 合かく 40点 とく点 ／50点

べん強した日〔　月　日〕

1 つぎの 文章を 読んで、あとの といに 答えましょう。

むかし、わたしの 子どもの ころは、にわでも 道でも、トンボが とんで いました。

小川で しじみとりを して いると、川べりの 草かげで、ハグロトンボが、ひっそりと、羽を やすめて いました。

この トンボなら、女の子でも 手で つかめそうでしたが、わたしは、とりませんでした。

「ハグロトンボは、ほとけさまの 生まれかわりだでの」

と、おじいちゃんに、おしえられていましたから……。そう いえば、黒い 羽を、ゆっくり、ひろげたり たたんだり、むかしの 話でも して くれて いるようでした。

さんざん あそんで、家への 帰り道、夕やけ空に とけこむように、アカトンボが、すーいすーいと、とんでいました。

アカトンボの むれに、手を のばしたら、つんつんと、ぶつかって きました。

その トンボも、このごろ、あまり見かけなく なって、さびしく なりました。

トンボたち、どこへ いったのかしら。もう、いなく なって しまったのかな？

（望月正子「トンボの 国を まもる」）

(1) この 文章は どんな ことを つたえる ために 書かれた もので すか。○を つけましょう。(15点)

（　）トンボには とっては いけない ものも ある こと。

（　）むかしは 多く いた トンボが へって しまった こと。

（　）子どもの ころは、トンボに ついて よく 学んだ こと。

(2) 「この トンボ」とは 何ですか。六字で 答えましょう。(10点)

(3) アカトンボが ゆっくり とんで いる ようすを あらわす ことばを 六字で ぬき出しましょう。(10点)

(4) この 文章を 書いた 人の 気持ちが はっきりと 書かれて いる ぶぶんを 九字で ぬき出しましょう。(15点)

べん強した日（　月　日）

時間	合かく	とく点
20分	40点	/50点

シール

1 つぎの文章を読んで、あとのといに答えましょう。

〔むかし、せんそうが　あり、多くの　人が　きずつきました。〕

くすのきは、足もとで　ねむって　いる　人たちを、自分が　守って　あげなければ　ならない、というような　気もちでした。

「おや、聞こえる。」

くすのきは、足もとで　小さな　歌声を　聞いたのです。やさしい　子守歌です。

①ぼうやを　だいて　歌って　いるのは、②おさげの　かみの　女学生でした。母さんの　名を　よびつづける　ぼうやを、ほって　おけなかったのです。

「かあ、ちゃん。」

「はいよ。」

「か、あ、ちゃ……。」

声が、だんだん　弱って　いきます。まいごの　ぼうやは、顔じゅう　ひどい　やけどで、目も　見えないようでした。

「母ちゃんよ。ここに、母ちゃんが、いるよっ！」

女学生は、ぼうやを、しっかりと　だきました。

③女学生の　心は、母さんの　心に　なりました。

（大野允子「母さんの　歌」）

(1)「くすのき」は　何を　聞きましたか。五字で　答えましょう。（10点）

□□□□□

(2)──①と　ありますが、「ぼうや」は　何を　して　いましたか。（10点）

（　　　　）

(3)──②は　何を　して　いましたか。○を　つけましょう。（15点）

（　）自分の　子どもの　めんどうを　見て　いた。

（　）「ぼうや」の　母親を　さがし回って　いた。

（　）「ぼうや」の　母親の　かわりを　して　いた。

(4)──③とは、どのような　ことを　あらわして　いますか。○を　つけましょう。（15点）

（　）「女学生」が、自分は「ぼうや」の　母親だと　わかった　こと。

（　）「女学生」が、「ぼうや」の　母親の　気もちに　なりきった　こと。

（　）「女学生」が、「ぼうや」の　母親の　ことを　りかいできた　こと。

88 最上級レベル 12

時間 20分
合かく 40点
とく点 ／50点

べん強した日（　月　日）

1 つぎの 文章を 読んで、あとの といに 答えましょう。

かわいい 子犬の うちだけ、人の ペットと して かわれて、おとなに なったら すてられた 犬も います。かいぬしが、ひっこしを しなければ ならなく なった ため、おきざりに された 犬も います。

犬も、生きて いかねば なりません。①町では 生きる 場所の なくなった 犬が、山に はいります。山の なかで 子どもを うみます。②人間に なじんだ ことの ない 犬も、ふえて きました。

山の なかで、むれを つくって 生きて いる 野犬が、シカを おそうのです。

元気な シカでも、犬の むれに 何日も おいまわされたら、やがて つかれきって、かみころされて しまいます。

（　　）、食べものが なくて 弱って いたり、はり金の わなに かかって みうごきが できなく なって いたり すれば、ひとたまりも ありません。

すてられた 犬も、あわれです。

（立松和平「森に 生きる」）

(1) ――①と ありますが、犬が その ように なったのは、なぜですか。二つ 書きましょう。（一つ5点）

（　　　　）

（　　　　）

(2) ――①のような 犬の ことを あらわして いる ことばを 二字で ぬき出しましょう。（10点）

□□

(3) ――①のような 犬は どう する ように なりますか。□に 合う ことばを 書きましょう。（10点）

□□を つくって、□□を おそう。

(4) ――②とは、どんな 犬ですか。□に 合う ことばを 書きましょう。（10点）

□□□□で 生まれた 犬。

(5)（　　）に あてはまる ことばを えらびましょう。（10点）

（　）なぜなら　（　）しかし

（　）まして

標準レベル 89

日記文・手紙文 (1)

時間 20分　合かく 40点　とく点 /50点　べん強した日（　月　日）

1 つぎの 日記を 読んで、あとの といに 答えましょう。

八月五日（月）　はれ

きょうは、さと子の たんじょう日です。

ママが きて、いろえんぴつと、かんじの かきかたの 本を もらいました。バアバからは、びんせんと ふうとうと、えノートです。

ママたちが 帰った あと、ちょっと 雨が ふりました。お天気雨でした。雨が やんだら、大きな にじが、てんりゅう川の 上に かかりました。

さと子は 小さい ころ、にじを 見た ことが あります。びょういんの まどから みた にじでした。こんどの にじは、てんりゅうそうの 山の 上から 見る にじです。にじを わたって いったら、おうちに 帰れるかなあと 思いました。たんじょういわいに もらった、いろえんぴつで、にじを かいて いたら、ほんとうの にじが すこしずつ きえて いきました。

（鈴木聡子「さと子の 日記」）

(1) これは、いつ、だれが 書いた 日記ですか。（10点）

（　　　　）

(2) 「ママたち」が 帰った あと、何が おこりましたか。□に 合う ことばを 書きましょう。（10点）

□が ふり、□が かかった。

(3) 「さと子」は、ありえない ことを くうそうして います。それが わかる 一文に ——を 引きましょう。（10点）

(4) この 日記の すばらしい ところに ○を つけましょう。（5点）

（　）本当に あった ことだけを 書いて いる。

（　）気持ちを あらわす ことばを 多く つかって いる。

（　）心に 思った ことが きれいに 書かれて いる。

(5) 「さと子」は、何を つかって にじを かきましたか。六字で 答えましょう。（5点）

□□□□□□

(6) にじは さいごに どう なりましたか。（10点）

（　　　　）

日記文・手紙文（1）

べん強した日（　月　日）

時間 20分　合かく 40点　とく点　／50点　シール

1 つぎの 文章は、ある 女の子が 書いた 手紙です。**これを 読んで、あとの といに 答えましょう。**

おじいちゃん、あたらしい おもちゃを 買って くれたんだね。どうも ありがとう。かわいい 目を した おにんぎょうさんで、とても よろこんで います。

朝、おきて、きれいな つつみ紙が まくらもとに あったのを 見た ときは「やったー。」と 思ったんだ。

おじいちゃんは この ごろ、おそとへ さんぽに 行って いるけれど、車には 気を つけて ください。じこに あうかも しれないと、しんぱいです。

七月十一日

みほより

やさしい おじいちゃんへ

(1) この 手紙を 書いたのは だれですか。(10点)

（　　　）

(2) この 手紙は どのような ことを つたえる ための ものですか。□に 合う ことばを 書きましょう。(10点)

［　　　　］を 買って もらった おれいを つたえる ため。

(3) うれしかった 気持ちが よく あらわれて いる ことばを 四字で ぬき出しましょう。(10点)

［　　　　］

(4) 「みほ」は、どんな ことを しんぱいして いますか。(10点)

（　　　）

(5) 手紙を 書く ときに 気を つける ことは どれですか。二つ えらんで、○を つけましょう。(一つ5点)

（　）どんな 人にも ていねいな 言い方で 書く。

（　）相手に つたえたい ことを はっきりと 書く。

（　）わすれて いるような 古い ことは 書かない。

（　）自分の 気持ちが よく あらわれるように 書く。

標準レベル

91 日記文・手紙文 (2)

時間 20分　合かく 40点　とく点　／50点

べん強した日（　月　日）

1 つぎの 文章は、ある 女の子が 書いた 日記です。これを 読んで、あとの といに 答えましょう。

五月二日

いとう みさこ

お母さんが、「タクシーを とめて。」と 言ったので、わたしは おもてで 手を あげました。しばらく して、タクシーが とまって くれました。ちょっと うれしかったです。

びょういんへ むかう タクシーの 中で、お母さんと 学校の 話をしました。

わたしは、「楽しいよ。」と 言いましたが、本当は、楽しい ことばかりでは ありません。

わたしが 学校が きらいなのは、クラスの かかりぎめが めんどうで、はっぴょう会は はずかしいからです。

だから、わたしは 学校が きらいな ところも あります。でも、お母さんには 言いませんでした。

(1) この 日記を 書いたのは だれですか。(5点)

（　　　　）

(2) この 日記は、どのような ことに ついて 書いて ありますか。○を つけましょう。(5点)

（　）見たり 聞いたり した こと。

（　）ほかの 人から 言われた こと。

（　）おこった ことや、思った こと。

(3) この 子は、なぜ 手を あげたのですか。(10点)

（　　　　）

(4) この 子は、なぜ 学校が きらいなのですか。二つ 書きましょう。(一つ10点)

（　　　　）

（　　　　）

(5) この 日記の よい ところに ○を つけましょう。(10点)

（　）書いて いる うちに 強い 気持ちに なって いる。

（　）人に 言いたくない ことも すなおに 書いて いる。

（　）自分に ついて よく 考えて、はんせいして いる。

日記文・手紙文 (2)

時間 20分　合かく 40点　とく点 ／50点

べん強した日（　月　日）

1 つぎの 文章は、「だいちくん」が 書いた 手紙です。**これを 読んで、あとの といに 答えましょう。**

しまださん、こんにちは。けがは よく なりましたか。じてんしゃで ころんだと いう 話を、えはらさん から 聞きました。

学校の おたよりは、こんど たかや すくんと おみまいに いく ときに もって いきます。しっかりと けがを なおして ください。

手の ほねが おれると いうのは、ぼくは なった ことが ないので わかりませんが、とても いたいので しょうね。

ところで、おととい、クラスの うさぎが、子どもを うみました。

名前を どう するか、かんがえて いるのですが、しまださんも 何か 思いうかんだら、教えて ください。

六月六日

さとう だいち

しまだ さとよさん

(1) これは どんな 手紙ですか。○を つけましょう。(10点)

（　） あいさつの 手紙。

（　） おみまいの 手紙。

（　） おれいの 手紙。

(2)「しまださん」は どう なったのですか。(10点)

（　　　　　　　　　）

(3)「だいちくん」が「しまださん」の ことを いたわって いる ことばを □の 中から 九字で ぬき出しましょう。(10点)

□□□□□□□□□

(4) こんど、「しまださん」を たずねて いくのは、だれと だれですか。(10点)

（　　　　）くんと （　　　　）くん

(5) この 手紙の よい ところに ○を つけましょう。(10点)

（　）「しまださん」を おどろかせる ために、めずらしい ことを えらんで 書いて いる。

（　）「しまださん」を なぐさめる ために、学校に ついて くわしく 書いて いる。

（　）「しまださん」を いたわりながら、クラスの かつどうにも さそって いる。

標準レベル

93

つなぎことば (1)

べん強した日（　月　日）

時間 15分

合かく 40点

とく点 　/50点

1 (　)に あてはまる ことばを、あとから えらんで 書きましょう。（一つ4点）

① カバンか、(　　　　)、ふくろの どちらかを 用意して きてください。

② 風が ふきました。(　　　　)、ぼうしは とばされませんでした。

③ この 人は お父さんの お兄さんです。(　　　　)、ぼくの おじさんです。

④ 雨が ふり出した。(　　　　)、ぬれて しまった。

⑤ 国語を 勉強しました。(　　　　)、算数も 勉強しました。

だから　しかし　さらに
つまり　あるいは

2 (　)に あてはまる ことばを、あとから えらんで 書きましょう。（一つ3点）

① 行った(　　　　)、会えなかった。

② 行った(　　　　)、会えた。

③ 行っ(　　　　)、会えないだろう。

④ 行き(　　　　)、話そう。

から　ながら　のに　ても

3 前と あとの 文が うまく つながる ことばを えらんで、○で かこみましょう。（一つ3点）

① 今朝は 早く おきた。{けれども／すなわち}、すぐ また ねた。

② 毎日 漢字を れんしゅうしました。{それで／それでも}、漢字が とくいに なりました。

③ これは あなたの 本ですか。{それとも／それから}、ちがいますか。

④ ぼくは プールに 行こうと しました。{または／すると}、弟も 行くと 言い出しました。

⑤ 今日は とても あついですね。{ところで／そのうえ}、もう お昼ごはんは 食べましたか。

⑥ 今から 自由時間です。{ただし／だから}、一時間後に 集合して ください。

つなぎことば（1）

1 同じような　いみを　あらわす　ことばを、——で　むすびましょう。（一つ3点）

① しかし・　　・さて
② ところで・　　・それで
③ つまり・　　・または
④ だから・　　・すなわち
⑤ あるいは・　　・だが

2 （　）に　あてはまる　ことばを、あとから　えらんで　書きましょう。（一つ3点）

① ずいぶん　べんきょうしたね。（　　）、今　何時だろう。
② もう　帰っても　いいですよ。（　　）、わすれものを　しないようにね。
③ おじさんの　家は　楽しかったです。（　　）、おみやげまで　もらいました。
④ とても　いそがしかったです。（　　）、する　ことが　たまって　いたからです。
⑤ もう　ねようか。（　　）、もう　少し　話そうか。

したがって　おまけに　ただし　なぜなら　ところで　もしくは

3 （れい）に　ならって、あとの　ことばを　つかって、文を　書き直しましょう。ただし、同じ　ことばを　二度　つかっては　いけません。（一つ5点）

（れい）さがしたが、見つからなかった。
↓さがした。けれど、見つからなかった。

① ねつが　あったので、今日は　学校を　休んだ。
［　　　　］
② よく　考えたけれど、答えられなかった。
［　　　　］
③ さむかったうえに、風まで　ふき出した。
［　　　　］
④ 電話を　かけるか、手紙を　書くか　しますか。
［　　　　］

さらに　でも　だから　あるいは

べん強した日（　月　日）
時間 15分
合かく 40点
とく点　　50点
シール

標準レベル

95 つなぎことば（2）

1（　）に あてはまる ことばを、あとから えらんで 書きましょう。（一つ4点）

①まえに 会った ことが ある（　　）、すぐに わかるだろう。

②くわしく 書かれた 本を 読み（　　）考えたら、よく わかりました。

③いそいで 店に 買いに 行った（　　）、あいにく 売り切れだった。

④ドアの チャイムを 鳴らした（　　）、大きな 声で よんだんだよ。

⑤せきが さらに ひどく なった（　　）、家に いる ことに しました。

もの　ので　ながら
うえで　なら

2「それでも」と いう ことばを つかって、みじかい 文を 作りましょう。（10点）

（　　　　　　）

3（　）に あてはまる ことばを、あとから えらんで 書きましょう。（一つ5点）

①山の のぼり道は 長かったです。つかれて いたので、つらかったです。（　　）、弱気に なるのは きらいです。ここで まけては いけないと 思いました。

②ことばと いう ものは 大切です。ことばは いろいろな 力を もって います。（　　）、よく 気を つけて、正しい ことばづかいを したいと 思います。

③都会では しぜんが 少なく なって います。これは、今の 時代では しかたが ない ことかも しれません。（　　）、たくさんの ものを 作らないと みんなが 生きて いけないと いう ことも あるのだと 思います。（　　）、しぜんと 生きるには くふうが ひつようだと いう ことです。

だから　すなわち
しかし　さらに

べん強した日（　月　日）

時間 15分　合かく 40点　とく点　/50点　シール

上級レベル

96 つなぎことば (2)

1 (れい)に ならって、あとから つなぎことばを えらび、つぎの 二つの 文を 一つの 文に して 書きましょう。(一つ5点)

(れい) つらかった。でも がんばった。
↓ つらかったが、がんばった。

① 雨が 上がりました。すると、きれいな にじが 出て いました。

[　　　　　　　　　　]

② 公園への 道が わかりませんでした。でも、人から 聞いて 行きました。

[　　　　　　　　　　]

③ さむかったです。だから、コートを きました。

[　　　　　　　　　　]

④ 妹は 勉強が できます。そして、絵も 上手です。

[　　　　　　　　　　]

ので　と　が　し

2 つぎは、「まさしくん」の 作文です。(　)に あてはまる ことばを、あとから えらんで 書きましょう。(一つ6点)

夏休みには、遠くに すんで いる おばさんの 家へ 行きます。ぼくは それを とても 楽しみに して います。(　　)、おばさんの 家は 海に 近いからです。

(　　)、一つだけ 気がかりな ことが あります。

それは、ぼくが まだ うまく およげない ことです。おばさんの 家に いる お兄さんは およぎが 上手で、いつも ぼくは 見て いるだけです。(　　)、お姉さんも 上手なので、ぼくは はずかしく なります。

(　　)、おばさんの 家に 行くまでに、水泳を よく れんしゅうして、うまく なってから 行きたいです。

(　　)、弟も まだ うまく およげないので、いっしょに れんしゅうすると いいと 思います。

それから　でも　だから
なぜなら　また　つまり

べん強した日（　月　日）

時間 15分

合かく 40点

とく点　　50点

シール

最上級レベル 13

1 20 40 60 80 100 120（回）

時間 15分
合かく 40点
とく点 ／50点

べん強した日（　月　日）

1 （　）に あてはまる ことばを あとから えらんで、記号で 答えましょう。（一つ4点）

① 買いものに 行きたかったのに、お母さんに とめられて しまいました。（　）、お父さんから 家の しごとを たのまれて しまいました。

② 工作の 時間に 友だちが こまって いたので、わたしは 手伝って あげようと しました。（　）、友だちから ことわられました。（　）、友だちは 自分の 力で やって みたかったのです。

③ 朝、道が ひどく こおって いました。わたしは それを 知りませんでした。（　）、うっかり すべって しまいました。

④ 今日の 夕食は カレーが いいですか。（　）、ハンバーグが いいですか。

ア それで　イ それとも
ウ つまり　エ そのうえ
オ でも

2 つぎは、ある 女の子が 書いた 手紙を ばらばらに した ものです。これを 読んで、あとの といに 答えましょう。

［あ］

① リレーは、出る 人 ぜんいんで 何回も れんしゅうしました。本番の ときも れんしゅう どおり がんばります。

② 運動会は こんどの 日曜の 朝九時からです。一生けんめい やりますので、来て ください。さようなら。

③ もうすぐ 運動会です。わたしは、クラスの おどりと リレーに 出ます。クラスの リレーでは、いちばん さいごに 走ります。

［い］

［う］

(1) ［あ］〜［う］には 何を 書きますか。記号で 答えましょう。（一つ6点）

ア 出す 人の 名前　イ 相手の 名前　ウ 日づけ

あ（　）　い（　）　う（　）

(2) ①〜③を 正しい じゅんに ならべましょう。（12点）

（　）→（　）→（　）

時間 20分　合かく 40点　とく点 ／50点　シール

べん強した日（　月　日）

1 つぎの文章を読んで、あとのといに答えましょう。

むかしはみんな手で食べていたのに、おはしやフォークを使うようになったところがある、ということは、①今でも手で食べているところは、「おくれている」ってことなのだろうか。

いや、そんなことはないんだ。インド料理のミラ先生に教わったら、手で食べるのにも、いろいろなきまりがあった。②手で食べる「おぎょうぎ」があったんだ。

（あ）、先生は「料理を手でも味わうのよ」と言っていた。おはしやフォークを使うように「すすんでいった」ところもあれば、手でおいしく、きれいに食べる方法を「すすめていった」ところもある、ということなんだ。

先生に教わって、ぼくらもインドのカレーを手で食べてみた。（い）、これがむずかしい。先生は指の先だけしか使っていないのに、ぼくらは手のひらまでカレーがくっついてしまう。食べたあとのおさらも、先生のはきれいなのに、ぼくらのはきたない。ほんとうに、③手で食べるのにもおぎょうぎがあるんだって、やってみてよくわかった。

（森枝卓士「手で食べる？」〈福音館書店〉）

(1) ――①について、どのように考えていますか。○をつけましょう。（10点）

（　）とても「おくれている」。
（　）とてもふけつだ。
（　）きれいな食べ方がすすんだ。

(2) ――②と同じようないみをあらわしていることばを、十六字でぬき出しましょう。（10点）

(3) （あ）・（い）に入ることばをえらんで、記号で答えましょう。（一つ5点）

ア でも　イ つまり　ウ そして　エ さて

あ（　）　い（　）

(4) ――③とありますが、それはどのように食べることですか。二つ書きましょう。（一つ10点）

（　）
（　）

標準レベル

99 し(3)

べん強した日（　月　日）

時間 20分　合かく 40点　とく点　／50点　シール

1 つぎの　しを　読んで、あとの　といに　答えましょう。

夕日が　せなかを　おして　くる
さかた　ひろお

①夕日が　せなかを　おして　くる
まっかな　うでで　おして　くる
歩く　ぼくらの　うしろから
でっかい　声で　よびかける
さよなら　さよなら
さよなら　②きみたち
ばんごはんが　まってるぞ
③あしたの　朝　ねすごすな

夕日が　せなかを　おして　くる
そんなに　おすな　あわてるな
ぐるり　ふりむき　太陽に
④ぼくらも　負けず　どなるんだ
さよなら　さよなら
さよなら　太陽
ばんごはんが　まってるぞ
あしたの　朝　ねすごすな

(1)「①夕日が　せなかを　おして　くる」と　同じように、くりかえされて　いる　ひとつづきの　二行を　ぬき出しましょう。(10点)

（　　　）

(2)「①夕日が　せなかを　おして　くる」とは、どんな　ようすを　あらわして　いますか。○を　つけましょう。(10点)

（　）夕日が　うしろの　ほうで、強く　かがやいて　いる　ようす。
（　）夕日が　自分たちと　同じように　うごいて　いる　ようす。
（　）夕日が　しずんで　しまった　ようす。

(3)「②きみたち」とは、だれの　ことですか。(5点)

[　　　]

(4)「③あしたの　朝　ねすごすな」と　言って　いるのは　だれですか。(5点)

（　　　）

(5)「ぼくら」が　ふりむいた　ようすを　あらわして　いる　ことばを　三字で　ぬき出しましょう。(10点)

[　　　]

(6)「④ぼくらも　負けず　どなるんだ」は、どんな　ようすを　あらわして　いますか。○を　つけましょう。(10点)

（　）とても　かなしそうな　ようす。
（　）元気で　活発な　ようす。
（　）おこって　いる　ようす。

上級レベル 100

し (3)

1 つぎの しを 読んで、あとの といに 答えましょう。

めぬきどおりに ある

まつおか きょうこ

めぬきどおりに ある
めいこっくの いる
ゆうめいな れすとらんに いって
めがねを かけて
めにゅーを めくって みたら
「こめの めし
めだまやき
めんちぼーる
めきゃべつ
めざし
めくじら
めろん
めんるい いろいろ
いずれも
めったに たべられない
めずらしい
めいぶつりょうり
さあ、めしあがれ!」と
かいて あったって。

(1) この しの 中で 何度も くりかえされて いる 字を 一字 書きましょう。(10点)

□

(2) この しの 書き方に あてはまる ものに ○を つけましょう。(10点)

(　) 音で あらわすべき ことばを 説明しながら 書いて いる。

(　) かたかなで 書くべき ことばも ひらがなで 書いて いる。

(　) 色を あらわす ことばを 数多く つかいながら 書いて いる。

(3) ——の 前までの めにゅーの 中には、食べものでは ない ものが 一つ あります。それを ぬき出しましょう。(10点)

(　　　　)

(4) ——の 前までの めにゅーの ものは 何だと いって いますか。八字で 答えましょう。(10点)

□□□□□□□□

(5) この しに あてはまる ものに ○を つけましょう。(10点)

(　) 自分が して きた ことを ありの ままに 書いて いる。

(　) 料理に ふかい 関心を もたせる ために 書いて いる。

(　) ことばだけで おもしろい あじわいを 生み出して いる。

べん強した日〔　月　日〕

時間	20分
合かく	40点
とく点	/50点

シール

1 20 40 60 80 100 120（回）

べん強した日（ 月 日）

時間	20分
合かく	40点
とく点	/50点

シール

1 つぎの しを 読んで、あとの といに 答えましょう。

そおっと のぞいたら
みねぎし なつめ

むにゃむにゃ
ねごとが きこえて きたの
そおっと のぞいて みたらね
うふっ
いねむり
おにいちゃん
まんがの ほんが
まくらの かわり
べんきょうするって
いってたのにね

ぱりぽり
いいおと きこえて きたの
そおっと のぞいて みたらね
あれっ
つまみぐい
おかあさん
おせんべい かくして
きまりが わるそう
おやつは まだよと
いってたのにね

(1) この しには どんな ことが 書いて ありますか。○を つけましょう。(10点)

（　）のぞき見た おもしろい こと。
（　）のぞき見た ふしぎな こと。
（　）のぞき見た いやな こと。

(2)「おにいちゃん」は べんきょうを しないで、何を して いたのですか。(10点)

（　　　　）

(3)「おかあさん」は 何を どう して いましたか。(10点)

（　　　　）

(4)「おにいちゃん」と「おかあさん」が 出して いる 音は どんな 音ですか。(一つ5点)

おにいちゃん（　　　　）
おかあさん（　　　　）

(5) のぞいた ときの 気持ちが あらわれて いる 三字の ことばを 二つ ぬき出しましょう。(一つ5点)

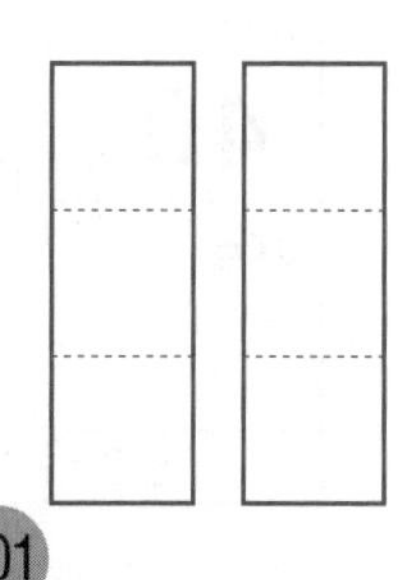

上級レベル 102 し (4)

べん強した日（　月　日）

時間 20分　合かく 40点　とく点 　／50点

シール

1 つぎの しを 読んで、あとの といに 答えましょう。

ネコの うた　　むろう さいせい

①ネコは 時計の かわりに なりますか。
それだのに
どこの 家にも ネコが いて
②ぶらぶら あしを よごして あそんで いる。
ネコの せいしつは
③人間の せいしつを みる ことが
うまくて
やさしい 人に ついて まわる、
きびしい 人には つかない、
いつも ねむって いながら
はんぶん 目を ひらいて 人を 見て いる。
どこの 家にも 一ぴき いるが、
ネコは 時計の かわりに なりますか。

(1) 「①ネコは 時計の かわりに なりますか」と ありますが、そのように 思ったのは、なぜですか。(10点)

（　　　　　　　　）

(2) 「②ぶらぶら」とは、どのような ようすを あらわして いますか。○を つけましょう。(10点)

（　）さみしくて、かわいそうな ようす。

（　）ひまで、行き場の ない ようす。

（　）気ままで、自由な ようす。

(3) 「③人間の せいしつを みる」と ありますが、ネコは 人間に たいして どのように しますか。(10点)

（　　　　　　　　）

(4) ネコは どのように して 人間を 見て いると いって いますか。(10点)

（　　　　　　　　）

(5) この しに あてはまる ものに ○を つけましょう。(10点)

（　）ネコの ことを よく 見て いる 人が 書いて いる。

（　）ネコの ことを いやがる 気持ちが かんじられる。

（　）ネコの ことを 知らない 人が 書いて いる。

物語(ものがたり) (8)

1 つぎの 文章(ぶんしょう)を 読(よ)んで、あとの といに 答(こた)えましょう。

つぎの 日も、つぎの 日も、いなかった はずです。

だいいち、この クラスには、だれも てん校生など いません。

それなのに、その 子は、まい日、この クラスに いるのでした。

だれも、名まえも しりません。

先生に きいても、わかりません。

その 子は なにも できなかったので、みんなで めんどうを みてやりました。

ところが、また いつのまにか、その 子は いなく なって いるのでした。

おや、あの 子は いったい いつから いなく なって いるのだろう、と みんな くびを かしげました。

きのうのようでも あるし、おととといのようでも あります。

一か月まえのようでも あるし、なんだか さいしょから いなかったような 気さえ します。

「おや。」

と、こくごの じかん、先生は まどの そとへ 手を のばして、すっかり よごれた てるてるぼうずを もぎとりました。

（岩田道夫(いわたみちお)「雲(くも)の 教室(きょうしつ)」〈国土社〉）

---

(1) 「その 子」とは、どんな 子でしたか。○を つけましょう。(10点)

（　）みんなが きらって いる 子。

（　）クラスの 中心(ちゅうしん)に いる 子。

（　）いるのか わからない 子。

(2) 「その 子」が いなかった はずだと 思(おも)われるのは、なぜですか。□に 合(あ)う ことばを 書(か)きましょう。(10点)

この クラスには □ は いなかったから。

(3) 「その 子」が いなく なった ことを、「みんな」が ふしぎがって いる ようすを あらわして いる ことばを 九字で ぬき出しましょう。(10点)

□□□□□□□□□

(4) 「その 子」は、何(なん)でしたか。□に 合う ことばを 書きましょう。(10点)

よごれた □□□□□□□

(5) この 文章に あてはまる ものに ○を つけましょう。(10点)

（　）明(あか)るさ　（　）ふしぎさ　（　）かなしみ

時間 20分　合かく 40点　とく点 ／50点

べん強した日〔　月　日〕

シール

物語 (8)

1 つぎの 文章を 読んで、あとの といに 答えましょう。

クリーニングやの「おじさん」は、きゃくから ワンピースを 着られなくなったと いわれました。

「おきゃくさん、しつれいですが……もしかしたら、おきゃくさんの ほうが――。」

おじさんが そこまで いうと、むすめは、①きゅうに わっと なきだしました。

「ええ、そうよ、そうよ。わたしが ふとったのよ。でも、しんじたく ないわ。どう したら いいの。」

むすめは、カウンターに 顔を うずめて、ワンピースを バンバンと たたくのでした。

「さあ、どう したらと いわれても。」

おじさんは、②やれやれと いう 顔を しました。それを 見ると、むすめは また、③まゆを しかめました。

「あら、ずいぶん つめたいのね。そんな こと いうと、ことしは、通りの さくらは さかないわよ。ここは、わたしが さかせて いるんだから、この ワンピースを 着ないと、わたし、④しごとが できないの。」

むすめは、また なきだしました。

「きみは、いったい、だれなんだ？」

「花を さかせる、春の せいよ。」

（伊藤充子「クリーニングやさんの ふしぎな カレンダー」〈偕成社〉）

(1) 「むすめ」が ――①と なったのは なぜですか。○を つけましょう。(10点)

（　）ないて あやまりたかったから。

（　）つらい ことを 考えたから。

（　）ひどい ことを いわれたから。

(2) ――②は「おじさん」の どんな ようすを あらわして いますか。○を つけましょう。(10点)

（　）こまって いる ようす。

（　）ひと安心した ようす。

（　）おこりはじめて いる ようす。

(3) ――③は「むすめ」の どんな 気持ちを あらわして いますか。○を つけましょう。(10点)

（　）おこって いる 気持ち。

（　）あやしんで いる 気持ち。

（　）がまんして いる 気持ち。

(4) ――④とは、何を する ことですか。(10点)

（　　　　　　　　　　　　　　　）

(5) 「むすめ」は、何でしたか。四字で 答えましょう。(10点)

べん強した日〔　月　日〕

時間 20分　合かく 40点　とく点 /50点　シール

標準レベル

105 物語 (9)

べん強した日（　月　日）

時間	合かく	とく点
20分	40点	50点

シール

1 つぎの 文章を 読んで、あとの といに 答えましょう。

「もう そんな 時間。かすみ＊を むかえに いかなくちゃ。」

もう そんな 時間だって。よく いうわ。ポチと あそんでる ところを 見られたから、おかあさん、①てれくさかったのよ。いそいで 出かけて いったわ。

「おいで、ポチ。」

わたしは ポチを だいて、あおむけに ころがった。むねの とこに のせて、はなの 黒い ポッチと わたしの はなを くっつけた。こちょこちょこちょと やったら、くすぐったかった。

「くくく。」

おとうさんみたいに、わたし、おなかの なかの 声で わらったわ。そしたら、②どんどん おかしく なって とまらなく なった。

「いやですよ、ねこなんか！」

おとうさんが ポチを つれて きた とき、おかあさんは そう いったわ。さつきおばさんの とこへも、いいつけに いったわ。

だから、おかあさん、③つっぱってたのよ。ポチの ことが、いまでは かわいく なってるのよ。

（岩本敏男「ねこの ポチ」〈PHP研究所〉）

＊かすみ＝「わたし」の 妹。

(1) ——①は、なぜですか。○を つけましょう。（10点）

（　）「かすみ」の ことを わすれて いたから。

（　）さいしょは 「ポチ」を いやがって いたから。

（　）「ポチ」と あそびたく なかったから。

(2) ——②は、どんな 気持ちを あらわして いますか。○を つけましょう。（10点）

（　）ふあん　（　）よろこび

（　）くるしみ

(3) ——③の いみに ○を つけましょう。（15点）

（　）うそを ついて いた

（　）ごまかして いた

（　）いじを はって いた

(4) この 文章に あてはまる ものに ○を つけましょう。（15点）

（　）「おかあさん」の 気持ちが わからず、こまって いる。

（　）知らない 「おかあさん」を 見て、かなしがって いる。

（　）「おかあさん」が かわった ことを おかしく 思って いる。

物語 (9)

時間 20分　合かく 40点　とく点 50点　べん強した日（　月　日）

1 つぎの 文章を 読んで、あとの といに 答えましょう。

〔「よしろう」と「こうじくん」は ほけん室に います。〕

うんどう場は ①まぶしい 光に あふれて います。

とおくの プールからは 子どもたちの はしゃぐ 声が 聞こえて きます。

「ね、きみも、なわとび、できるの?」と、こうじくんが よしろうに 聞きました。

「できるよ」と、よしろうは こたえました。

「むずかしいんだろ」

「かんたんだよ」

「そんなに かんたんなら、ぼくに おしえて くれよ」

そう いって、こうじくんは、②また うんどう場に 目を やりました。なわとびを して いるのは、あれは 三年生の こうじくんの クラスなんだ、と よしろうは おもいました。

こうじくんも もしかすると、よしろうと おなじように、体育の 時間が くると 頭が いたく なるのかも しれない、そう おもいました。

「とべるように なるよ、きっと」と、よしろうは いいました。「ぼく、おしえて あげるよ」③ほこらしい 気もちで そう いいました。

（岩瀬成子「小さな 小さな 海」）

(1) ——①と 同じように、外の ようすを よく あらわして いる ことばを ぬき出しましょう。（10点）

(2) 「こうじくん」が ——②のように したのは なぜですか。（10点）

みんなと [　　] を したかったから。

(3) 「よしろう」は なぜ ほけん室に いたのですか。（10点）

（　　　　）

(4) 「よしろう」が ——③のように なったのは、なぜですか。○を つけましょう。（10点）

（　）人の やくに 立てるから。

（　）人に じまんできるから。

（　）人と よく 話せたから。

(5) 「よしろう」は、どんな 子ですか。○を つけましょう。（10点）

（　）親しみやすく、おもしろい 子。

（　）かってで、むずかしい 子。

（　）やさしく、親切な 子。

標準レベル

107 説明文(5)

1 つぎの 文章を 読んで、あとの といに 答えましょう。

のぶおくんと よう子さんが、はんたいの いみの ことばを 書きあって あそんで います。

よう子さんが 「右」と 書きました。のぶおくんは すぐに 「左」と かきました。［ア］のぶおくんです。のぶおくんが 「つよい」と 書くと、よう子さんも すぐに ［イ］と 書きました。

こんどは よう子さんです。

よう子さんは 「うれしい」と 書きました。［ウ］、のぶおくんは 「うれしく ない」と 書きました。①それを 見て、よう子さんが 言いました。

「のぶおくんの まけよ。」

②「ない」の つかない はんたいの ことばを さがすと いう やくそくだったのです。

のぶおくんが よう子さんに たずねました。

「『うれしい』の はんたいは?」

「『かなしい』よ。」

「ああ、そうか。そうだね。」

と 言ってから、のぶおくんは ちょっと 考えて 言いました。

「『うれしい』の はんたいには 『［エ］』も あると 思うよ。」

「ほんとだ。『［エ］』でも いいのね。あきらめきれない ざんねんな 気もちを あらわす ことばも はんたいって いえるわね。」

と、よう子さんが 言いました。

(1) ［ア］、［ウ］に 入る ことばを つぎから えらんで、記号で 答えましょう。(一つ5点)

ア すると　イ はじめに
ウ つぎは

ア(　　)　ウ(　　)

(2) 「①それ」は、何を さして いますか。(10点)

(　　　　)

(3) つぎの ことばと はんたいの いみの ことばを、――で むすびましょう。(15点)

① 上げる・　・高い
② あつい・　・下げる
③ ひくい・　・うすい

(4) ［イ］、［エ］に 入る ことばを 考えて 書きましょう。(一つ5点)

イ(　　)　エ(　　)

(5) ――②と ありますが、なぜ この ような やくそくを きめたのですか。(　)に ことばを 入れましょう。(5点)

「ない」が ついても よい ことに すると、あまりにも (　　　)に ことばが つくれて しまうから。

べん強した日(　月　日)

時間 20分　合かく 40点　とく点 /50点　シール

時間 20分　合かく 40点　とく点　／50点　シール

べん強した日（　月　日）

1 つぎの 文章を 読んで、あとの といに 答えましょう。

①鳥は こん虫より 強力な 羽を もって いましたし、すばらしい 目も もって いました。こん虫たちに できる ことは ただ ひとつ、かくれる ことだけです。でも こん虫の 目は、遠くの 鳥を 見つけられるほど よく ありません。しかも、いつも 近くに、かくれる 場所が あるとは かぎりません。とすれば、こん虫は 活動する かんきょうの 中で、なるべく すがたを 目だたせないか、ぎゃくに 相手を おどろかすほど 目だつか、と いう ことに なります。

②そう いう じょうけんに うまく 合った こん虫だけが、今日まで しそんを のこしつづけられたのでしょう。

たとえば、③葉の 上に いる こん虫は、より みどり色っぽい ものが 生きのこり、長い 年月の あいだに、ほんとうに 葉に よく にた 色に なって いった、と 考えられます。

大むかしから げんざいまで、地球上の 気こうは ふくざつに かわり、④そのつど それに てきおうする いろいろな 生物が あらわれました。

（海野和男「昆虫の かくれんぼ」）

(1) ①「鳥」は、どのような 動物だと いって いますか。□に 合う ことばを 書きましょう。（一つ5点）

□□□□□□ と □□□□□□□□ を もって いる 動物。

(2) こん虫が てきから みを まもる ために できる ことは 何だと いって いますか。（5点）

（　　　　　　　　）

(3) ②とは、どんな ことですか。二つ 書きましょう。（一つ10点）

（　　　　　　　　）

（　　　　　　　　）

(4) ③は、しそんを のこしつづける ために どのように なって いったと いって いますか。（10点）

（　　　　　　　　）

(5) ④は 何を さして いますか。○を つけましょう。（5点）

（　）時間

（　）気こう

（　）生物

標準レベル

109 説明文(6)

1 つぎの 文章を 読んで、あとの といに 答えましょう。

わたしたち 日本人の せんぞが、ながい あいだ つくりつづけて きた 木ぞうの 家には、①どんな くふうが されて いるかを しらべて みましょう。

ゆかや はしらが かたむいたり すると、戸が あかなく なったり、つくえが かたむいたり して、いろいろ こまった ことが おこって きます。

家づくりに とって、まず たいせつな ことは、ゆかが たいらで、はしらが まっすぐに たつ ことです。そのためには、土台(はしらを たてる ため、よこに わたす ざい木)が たいらで なければ なりません。

それでは、ゆかや はしらを ささえる 土台を たいらに するには、どう すれば よいでしょうか。

水は どんな ものに いれても、ひょうめんは たいらに なります。②これを 水平と いいます。むかしの 人たちは、この ③水の 水平に なる せいしつを 家づくりに やくだてました。

あつい いたに ほった みぞに 水を みたし、水が ながれない ところで、地面の 水平を たしかめました。

(武田 忠「人は どのように 家を つくったか」)

(1) ——①と ありますが、「くふう」に あてはまる ものに ○を つけましょう。(10点)

(　) ゆかと はしらを 用意する こと。
(　) 土台を たいらに する こと。
(　) 戸や つくえを つかう こと。

(2) 家づくりに とって、まず たいせつな ことは 何ですか。(10点)

(　　　　)

(3) 「②これ」は どんな ことを さして いますか。(10点)

(　　　　)

(4) ——③に よって むかしの 人たちは 何を たしかめましたか。(10点)

[　　　　]

(5) この 文章は 何を 説明して いますか。○を つけましょう。(10点)

(　) 家の えらび方。
(　) 家の たて方。
(　) 家の れきし。

べん強した日〔 月 日〕
時間 20分
合かく 40点
とく点 /50点
シール

上級レベル 110

説明文(6)

時間 20分　合かく 40点　とく点 /50点

べん強した日（　月　日）

シール

1 つぎの 文章を 読んで、あとの といに 答えましょう。

ヤドカリの あらそいは、まず 2ひきの 出会いから はじまります。ある ヤドカリが、もう 1ぴきの ヤドカリに 近づくと、たいてい、一方が からの 中に ひっこみます。からに ひっこむのは、ふつう、小さい 方です。ときには、うしろから ほかの ヤドカリの 上に のって、相手を ひっくりかえすのも います。ともかく、相手が からの 中に ひっこむと、こうげきする 方の ヤドカリは、相手の からを まわしたり、からの 口に ハサミを つっこんで、よく しらべます。①ここで こうげきを やめて しまう ことも ありますが、相手の からが 気に いると、＊葉山の 海岸で 見たように、両方の ハサミを 相手の からに つっこんで、からを ぶつけるのです。しかし、よく 見ると、からを ぶつける 前に、かならず 自分の からを 相手の からに ゴシゴシ こすりつける 行動を します。ちょうど おしりを ふるような うんどうです。何度か からを ぶつけると、相手は からから 出て きますが、ときには、なかなか 出て こない 強じょうも のも います。その ため、②こうげきを やめて しまう ヤドカリが います。

（今福道夫「ヤドカリの 殻交換」）

＊葉山＝かながわ県に ある 町。

(1) ヤドカリの 何に ついて 説明して いますか。○を つけましょう。(10点)

（　）たたかい方　（　）食べ方

（　）出会い方

(2) ヤドカリが 行う じゅんに なるように、数字を 書きましょう。(20点)

（　）大きい ヤドカリが 相手の からを まわすなど する。

（　）大きい ヤドカリが 自分の からを 相手の からに こすりつける。

（　）小さい ヤドカリが からの 中に ひっこむ。

（　）大きい ヤドカリが 相手の からに 自分の からを ぶつける。

(3) 「①ここ」とは どんな ときを さして いますか。(10点)

（　　　　　　）

(4) 「②こうげきを やめて しまう」のは、なぜですか。(10点)

（　　　　　　）

111

最上級レベル 15

べん強した日〔　月　日〕

時間 20分　合かく 40点　とく点 ／50点　シール

1 つぎの 文章を 読んで、あとの といに 答えましょう。

〔「ぼく」は、大すきな「おじいちゃん」を なくしたばかりです。〕

むーんと する 青草の においが、ぼくは すきだった。青草の 強い においは、ぼくに とって、〈夏休み〉の におい その ものだからだ。

麦わらぼうしを かぶろうと した ぼくの 目に、とつぜん 黄金の 光が とびこんで きた。

ひまわり畑だった。

ぼくは 思わず 立ちどまった。

そこに ひまわり畑が あるのは 知って いた。だけど、①きょうは その ひまわり畑が、いつもと ちがって 見えた。

ひまわりは おじいちゃんの 大すきな 花だ。

にわに ひまわりを うえながら、「まさる、ひまわりはなぁ、小さな 太陽だ。太陽と おなじ あかるさを くれる 花だよ……。②まさるも ひまわりのように なれば いいなぁ……。」

そう いって いた、おじいちゃんの ことばを 思いだした。

（福田岩緒「夏の わすれもの」）

(1) つぎの ことばを たとえて いる ことばを ぬき出しましょう。（一つ10点）

・青草の におい

・ひまわり畑

(2) ――①は、「ぼく」の どんな ようすを あらわして いますか。○を つけましょう。（10点）

（　）はじめて 見た ものに ふかく きずついて いる ようす。

（　）どう したら よいか わからず、なげやりに なる ようす。

（　）ふかい 思いが わいて、心が うごかされて いる ようす。

(3) ――②は、どのような ことを あらわして いますか。□に 合う ことばを 書きましょう。（10点）

人に なって ほしいと いう こと。

(4) この 文章に あてはまる ものに ○を つけましょう。（10点）

（　）たくさんの じけんが ある。

（　）音を ゆたかに あらわして いる。

（　）思いだした ことを えがいて いる。

時間	20分
合かく	40点
とく点	／50点

シール

1 つぎの 文章は、トゲウオの すづくりに ついて 説明した ものです。**これを 読んで、あとの といに 答えましょう。**

手はじめは、あなほりです。さかだちの しせいで、すなを ほります。すなを 口に いれては、はこんで はきだすと いう しごとを、根気よく つづけて、半日ほどの あいだに、ふかさ 2センチ、広さ 5センチ四方ほどの あなが ほれました。

オスが、おなかを あなの すなに こすりつけて、なにか して います。じんぞうから ねばねばする えき体を だして、すなを かためて いるのです。トゲウオの、この じかせいの せっちゃくざいは、すづくりに、なくては ならない ざいりょうです。

あなが かたまると、オスは、水草や 木の 葉を はこんで きて、あなの そこに しきはじめました。ざいりょうも、つかう 場所に よって えらんで いるようで、ゆかに あたる ところは、長くて かたい 松葉を しきました。そして、また おなかを こすりつけて、せっちゃくざいで かためて います。すづくりを はじめてから、2日間が たちました。

3日目に なると、オスは、細くて やわらかい 水草の ねを はこびはじめました。ゆかの 上に つみかさねて いくのです。

（吉原順平「巣を つくる 魚たち」）

(1) トゲウオが して いる じゅんに なるように、つぎの **ア**〜**オ**を ならべ、記号で 答えましょう。(40点)

（　）→（　）→（　）→（　）→（　）

ア あなの 中の すなを かためる。
イ あなの そこの ざいりょうを かためる。
ウ あなを ほる。
エ あなの そこに ざいりょうを しく。
オ ゆかの 上に ざいりょうを つむ。

(2) すづくりを する ときに、トゲウオが くふうして いる ことに ○を つけましょう。(10点)

（　）あなを ほる ときに、入り口は せまく、中が 広い すに なるように して いる。
（　）根気よく おなかを こすりつける ことで、あなを かたい ものに して いる。
（　）あなの 中で、下には かたい ものを、上には やわらかい ものを しいて いる。

113 仕上げテスト 1

べん強した日〔　月　日〕

時間 20分　合かく 40点　とく点 ／50点

1 つぎの ――の 漢字の 読み方を 書きましょう。（一つ1点）

① 国語を 学校で 教わる。
② 雪を ふらせる 雲。
③ 紙を 三つに 切る。
④ 岩に むかって 走る。
⑤ 考えを ノートに 記す。
⑥ 鳥を 店で 売る。
⑦ 汽車に のって 帰る。

2 つぎの ことばを 漢字で 書きましょう。（一つ2点）

① □□（こうえん）に □（かよ）う。
② □□（しんさく）の □□（かいが）。
③ □□（こんしゅう）の □□（とうばん）。
④ □□（ごご）の □□（かいわ）。
⑤ □□（げんき）な □（あね）と □（いもうと）。
⑥ □□（でんち）を □（か）う。

3 かなづかいの 正しい ほうを えらんで、○を つけましょう。（一つ1点）

① 王子〔（　）おうじ　（　）おおじ〕
② 地面〔（　）ぢめん　（　）じめん〕
③ 曜日〔（　）よおび　（　）ようび〕
④ 計算〔（　）けえさん　（　）けいさん〕
⑤ 自ら〔（　）みずから　（　）みづから〕

4 つぎの ことばを 漢字と ひらがなで 書きましょう。（一つ1点）

① たのしい（　）
② こまかい（　）
③ まじわる（　）
④ あかるい（　）
⑤ おこなう（　）

114 仕上げテスト ②

1 ＝の ことばが かざって いる ことばに ―を 引きましょう。（一つ2点）

① つぎは もっと 早く 来なさい。

② とうぶん あの 人と 会えない。

③ とても ふしぎな、おそろしい 話を 聞きました。

④ 明るい 元気な 歌声が ひびく。

⑤ わたしは いつか、とおい 国を 一人で たびしたい。

2 ―の ことばの いみが ちがう ものを えらんで、○を つけましょう。（一つ4点）

①
（　）先生が 話される。
（　）名前を よばれる。
（　）うでを ためされる。

②
（　）ペンギンのように あるく。
（　）高いように 見える 山。
（　）朝日のように 明るい。

③
（　）今日は 休むそうだ。
（　）強い 風が ふくそうだ。
（　）もう すぐ 晴れそうだ。

④
（　）あすは 雨らしい。
（　）男らしい 人だ。
（　）本当では ないらしい。

3 つぎの 文の 主語には ―を、述語には ＝を 引きましょう。（一もん2点）

① もうすぐ ひどい 雨が ふるらしい。

② 弟は 友だちと いっしょに 川へ 出かけました。

③ わたしは、ふかい 海の そこを 見て みたいと 思います。

④ きのう 友だちからの 手紙が わたしに とどきました。

⑤ これは わたしの 大すきな 本です。

4 つぎの ことばを 漢字で 書きましょう。（一つ1点）

① おやこ
② ずけい
③ りか
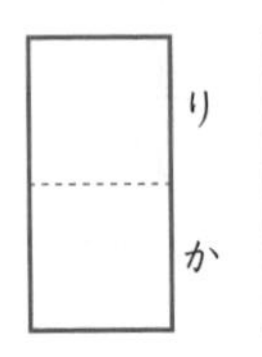
④ はんぶん
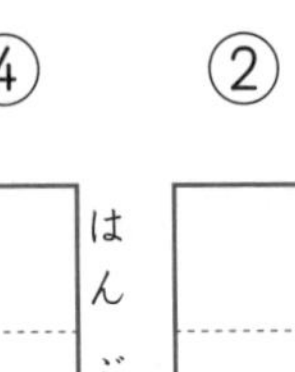
⑤ でんりょく
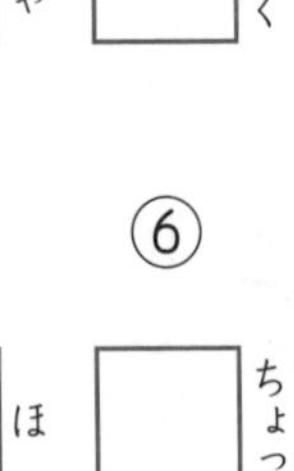
⑥ ちょっかく
⑦ むぎちゃ
⑧ ほどう
⑨ なんぼく
⑩ ぎゅうにく
⑪ ばいばい
⑫ えんきん
⑬ きしゃ
⑭ ゆみや

べん強した日（　月　日）

時間 20分
合かく 40点
とく点 　/50点
シール

115 仕上げテスト ③

べん強した日（　月　日）

時間 20分　合かく 40点　とく点 ／50点

1 つぎの 漢字の 色の ついた 部分は 何画目に 書きますか。数字で 書きましょう。（一つ2点）

① 用（　　）　② 何（　　）

③ 方（　　）　④ 門（　　）

⑤ 角（　　）　⑥ 書（　　）

2 つぎの 文章の 中で かたかなで 書く ことばを すべて ぬき出して、かたかなで 書きましょう。（6点）

ぴかっと 光ったと 思うと、かみなりが ごろごろと なりました。べっどに もぐりこむと、ねこも 入って きて、ぶるぶると ふるえて いました。

（　　　　　　　　）

3 つぎの 漢字と はんたいの いみを もつ 漢字を、一字で 書きましょう。（一つ2点）

① 強－□　② 少－□

③ 遠－□　④ 新－□

4 つぎの （　）に 入る ことばを あとから えらんで、記号で 書きましょう。（一つ3点）

① 山からは 町が 見えました。（　　）、遠くに 海も 見えました。

② 後ろから 声を かけられた 気が しました。（　　）、だれも いませんでした。

③ あつかったら まどを あけた ほうが よいですか。（　　）、エアコンを つけた ほうが よいですか。

④ 母さんが 早く 帰って きなさいと 言いました。（　　）、いそいで 帰りました。

ア しかし　イ だから　ウ それとも　エ さらに

5 つぎの 漢字の そう画数を 数字で 書きましょう。（一つ2点）

① 道（　　）　② 海（　　）

③ 弟（　　）　④ 春（　　）

⑤ 番（　　）　⑥ 聞（　　）

時間 20分　合かく 40点　とく点 /50点　シール

べん強した日（　月　日）

1 つぎの しを 読んで、あとの といに 答えましょう。

秋の 夜の 会話

草野 心平

さむいね。
ああ さむいね。
虫が ないてるね。
ああ 虫が ないてるね。
①もう すぐ 土の 中だね。
土の 中は いやだね。
②やせたね。
君も ずいぶん やせたね。
どこが こんなに 切ないんだろうね。
はらだろうかね。
はら とったら しぬだろうね。
しにたかあないね。
さむいね。
ああ 虫が ないてるね。

(1) ――①と ありますが、そのように いうのは なぜですか。(10点)

もう すぐ [　　] が くるから。

(2) ――①と ありますが、「土の 中」に ついて、どう いって いますか。四字で 答えましょう。(10点)

[　　　　]

(3) ――②が あらわす ようすに ○を つけましょう。(10点)

（　）あたたかい きせつを なつかしく 思って いる ようす。

（　）多くの しごとを して きた ために、つかれながらも、もっと がんばろうと する ようす。

（　）きびしい きせつを 前に して、どことなく くらい 気持ちに なって いる ようす。

(4) はらで かんじる 気持ちを あらわす ことばを 三字で 答えましょう。(10点)

[　　　]

(5) この しは どのように 読むと よいですか。○を つけましょう。(10点)

（　）生き生きと、元気よく。

（　）しずかに、おちついて。

（　）うっとりと、うつくしく。

117 仕上げテスト 5

時間 20分
合かく 40点
とく点 ／50点
べん強した日〔　月　日〕

1 つぎの 文章を 読んで、あとの といに 答えましょう。

ケンだ。どろだらけの チビじてんしゃに またがった、赤シャツの ケンだ。

①こいつの じてんしゃは、ケンの 手足みたいに うごく。いまの コースだって、ぜんぶ かた手で のりまわしちゃうんだ。

「オッ、カズヤ。オンナモンだな。」

ぼくの 心に グワッと きた。

みんなは、どっと わらった。

とうとう いわれちゃった。みんなも その ひとことを まってたみたいだ。

ヨシくんも、マーぼうも ハルキも。

クソーッ、みんな だまって いただけで、ほんとは 心の 中で、バカに してたんだ。

②ぼくは、じてんしゃから そうっと おりた。

「オンナモン、にあうぞ。」

コウイチが いった。

③それが あいずだった。

「オンナモン、オンナモン……。」

みんなが、おもしろがって はやしたてた。

（山本静夫「きいろい じてんしゃ」）

(1) 「ケン」の じてんしゃは どんな ものですか。（10点）

どろだらけの（　　　）

(2) 「①こいつの じてんしゃ」を たとえて いる ことばを、五字で ぬき出しましょう。（10点）

(3) 「みんな」が はげしく わらって いる ようすを あらわして いる ことばを 三字で ぬき出しましょう。（10点）

(4) 「②ぼくは、じてんしゃから そうっと おりた」と ありますが、その ときの 「ぼく」の 気持ちに ○を つけましょう。（10点）

（　）うわついた 気持ち。

（　）がまんできない 気持ち。

（　）さみしい 気持ち。

(5) 「③それが あいずだった」と ありますが、どう なる 「あいず」でしたか。（10点）

（　　　）

118 仕上げテスト ⑥

時間 20分
合かく 40点
とく点 　　／50点
べん強した日（　月　日）

1 つぎの　文章を　読んで、あとの　といに　答えましょう。

　地球は　空気に　とりまかれて　います。この　空気が　どこまで　あるかと　いうと、だいたい　高さ一万一千メートルまでです。

　この　高さまでの　空気の　そうを「対流圏」と　いいます。対流圏では、空気が　うごいて　風に　なったり、雲が　できたり、雨や　雪が　ふったり、天気が　かわります。そして、この　天気が　かわる　一万一千メートルの　高さまでを　空と　いいます。

　空気の　八十パーセントは　対流圏に　あります。

　空高く　上に　いくほど　空気は　うすく　なります。空気が　ほんとうに　なくなるのは、対流圏から　さらに　数万キロメートルの　高さの　ところです。この　高さまでを、大気の　ある　はんいと　いう　いみで、「大気圏」と　よびます。

　一万一千メートル上空では、空気が　うすいので　いきが　できません。一万メートルの　高さを　とぶ　ひこうきの　中で　いきが　できるのは、ひこうきの　中の　空気が　もれない　ように　なって　いるからです。

（久道健三「かがく　なぜ　どうして　二年生」〈偕成社〉）

(1) 地球は、何に　とりまかれて　いますか。（5点）

（　　　　）

(2) 対流圏とは、地球から　どれくらいの　高さまでですか。（5点）

［　　　　　　］まで。

(3) 大気圏とは、対流圏から　どれくらいの　高さまでですか。（10点）

［　　　　　　］まで。

(4) 対流圏の　高さまでの　ことを　何と　いいますか。一字で　答えましょう。（10点）

□

(5) 対流圏を　こえて　いくと、さいごに　空気は　どう　なりますか。（10点）

（　　　　）

(6) ひこうきの　中は　どんな　くふうが　されて　いますか。（10点）

（　　　　）

べん強した日〔　月　日〕

時間 20分
合かく 40点
とく点 ／50点
シール

1 つぎの 文章を 読んで、あとの といに 答えましょう。

〔子うしの 「ハナベエ」の 親うしは、がけから おち、足を おって しまいました。〕

親うしは、二ど、三どと、からだじゅうの ちからを ふりしぼって 立とうと する。

でも、やっぱり だめだ。

親うしの 二つの 目が、①よわよわしそうに、ハナベエを 見て いる。

ぼくは 親うしの おなかを よこに して、ハナベエに ちちを のませようと したが、だめだ。

ハナベエは、②さかんに 顔を つけて いるが、親うしの おっぱいは、草を おしつけて いるので、だめだ。

「なんとか してえ」

と、ぼくは、松平じいちゃんに さけんだ。

けれども、松平じいちゃんは、③だまって 首を よこに ふった。

「④松平じいちゃんの バカア、なんとか してえ」

そう いったけど、松平じいちゃんは いっそう むつかしい 顔を して、首を なんども、よこに ふるだけだった。

（金田喜兵衛「子うしの ハナベエ日記」）

(1) ――①は、「親うし」の どんな ようすを あらわして いますか。○を つけましょう。(10点)

（　）「ぼく」に おびえて たすけを もとめて いる ようす。

（　）「子うし」に 早く にげるように いう ようす。

（　）「子うし」の ことを 心配して いる ようす。

(2) ――②は、何を する ためですか。(10点)

（　　　　　　　　）

(3) ――③は、どんな ことを あらわして いますか。○を つけましょう。(15点)

（　）何も できないと いう こと。

（　）見て いれば なんとか なると いう こと。

（　）何も するなと いう こと。

(4) ――④は、「ぼく」の どんな ようすを あらわして いますか。○を つけましょう。(15点)

（　）きびしく せめる ようす。

（　）ふかく おそれる ようす。

（　）ひっしに ねがう ようす。

べん強した日（　月　日）

時間	20分
合かく	40点
とく点	/50点

シール

1 つぎの 文章を 読んで、あとの といに 答えましょう。

どうぶつの 中には、①まわりの 色に 合わせて 体の 色を かえ、てきに 見つかりにくく して いる ものが います。

アマガエルは、木の はや 草の はなどの 上に いる ときは、せなかが みどり色を して います。けれども、おちばや かれ草などの 上に いる ときは、茶かっ色に かわります。

ライチョウは、高い 山に すんで いる、ハトぐらいの 大きさの 鳥です。夏から 秋までは、せなかや むねや おは、くろ茶色を して います。けれども、ゆきの つもる 冬から 春の はじめまでは、②体ぜんたいが まっ白に なります。

体の 色や かたちが、まわりの ものに よく にて いる ものも います。

草原に よく すんで いる ショウリョウバッタは、まわりの 色と おなじような みどり色を して います。

ハリネズミは、てきに あうと 体を まるめて、とげの 生えた まりのように なります。

（「どうぶつの みの まもり方」）

(1) 「①まわりの 色に 合わせて 体の 色を かえ」と ありますが、「アマガエル」は 何色と 何色に かわりますか。（10点）

（　　　）（　　　）

(2) 「②体ぜんたいが まっ白に なります」と ありますが、なぜ まっ白に かわるのですか。（　）の 中に ことばを あてはめましょう。（15点）

（　　　）の 中では、（　　　）い 色を して いると てきに（　　　）にくいから。

(3) この 文章では、みの まもり方の れいが いくつ 書かれて いますか。（10点）

（　　　）

(4) この 文章に あてはまる ものに ○を つけましょう。（15点）

（　）ライチョウは、きせつに よって、体の 色が ちがって いる。

（　）ショウリョウバッタは、はっぱの ちかくで 体の 色を みどり色に かえる。

（　）ハリネズミは 体の 色や かたちが、まわりの ものと よく にて いる。

標準レベル 1 漢字の読み (1)

解答

1 ①おも・はな ②はる・ゆき ③ふゆ・はし ④まる・くも ⑤した・とも・あ ⑥なつやす・かよ

2 ①いもうと・にんぎょう ②しょてん ③でんわ ④ほし・ほうがく ⑤しつない・うた ⑥しんぶん

3 ①たか・こう ②ひろ・こう ③き・せつ ④おな・どう ⑤は・せい

4 ①ひかり・ひか・こう ②たの・らく・がく ③よる・よ・や

指導の手引き

1 漢字の読みには、音読みと訓読みがあります。訓読みとは、発音から意味がわかる読み方のことで、ここでは、その訓読みする漢字の練習をします。④「丸い」、⑤「親しい」、⑥「通う」など、送り仮名に注意して、正しく読めるようにします。

2 音読みする漢字と、訓読みする漢字の両方が出てきます。①「妹」の読みを、「いもおと」としないよう、仮名づかい注意します。また、「人形(にんぎょう)」の読み方にも注意が必要です。

3 同じ漢字の音読みと訓読みを答える問題です。①「高い」が訓読み、「高校」の「高」が音読みです。②〜⑤も、はじめが訓読み、あとが音読みになっています。

4 たくさんの読み方がある漢字の問題です。ここでは、訓読みが二つ、あるいは音読みが二つある漢字を正しく読めるようにします。特に、①「ひかり・ひか(る)」、③「よる・よ」はいずれも訓読みですが、よく似ている読み方なので間違えないように注意します。

上級レベル 2 漢字の読み (1)

解答

1 ①かみ・せん・ひ ②とり・な ③てら・さかな ④みせ・にく ⑤つよ・こころ ⑥こめ・つく

2 ①だいち・ふる ②あ・なんじ ③えんそく・たの ④こうもん・そと ⑤ちか・こうえん・おとうと ⑥さんすう・おし

3 ①あき ②みずか ③はか ④おこな ⑤ま ⑥こま ⑦よわ

4 ①かい・まわ ②とう・こた ③き・しる ④しょく・た ⑤ぶん・わ

指導の手引き

1 ⑤「強い」、⑥「作る」など、活用のある語は、送り仮名に注意して読みます。

2 ②「何」の訓読みは、「なに」と「なん」の二つがあります。「何時」の「何」は、「なん」と読みます。⑤「弟」の読みを「おとおと」としないよう注意します。

3 難しく、間違えやすい読み方の問題です。特に①「明」、⑤「交」は、たくさんの読み方がある漢字ですので、送り仮名に注意して、文に合った読み方ができるように練習していきます。

注意 ⑥「細かい」の読み方に気をつけます。「細」の訓読みには「ほそ-い」と「こま-かい」があります。たとえば、「細い糸」や「細かい字」というように使われます。このとき、送り仮名の違いでその読み方を判断しなければいけません。

4 一つの文の中に、同じ漢字の音読みと訓読みが入っている問題です。このような形で漢字を覚えるのも、よい方法です。

標準レベル 3 漢字の読み (2)

解答

1 ①たに・いわ ②ほそ・ある ③うし・ひ ④ふね・とお ⑤つよ・あ ⑥ゆみ・や

2 れい ①か・うた(う) ②き・かえ(る) ③よう・もち(いる) ④きん・ちか(い) ⑤た・おお(い) ⑥じょう・ば ⑦の・や ⑧めい・な(く) ⑨ぶん・き(く)

3 ①東…とう・ひがし 西…せい(さい)・にし 南…なん・みなみ 北…ほく・きた(順不同) ②春…しゅん・はる 夏…か(げ)・なつ 秋…しゅう・あき 冬…とう・ふゆ(順不同)

4 ①らくえん ②ちょくせん ③きょうふう ④もんばん ⑤さくが ⑥こうかい ⑦でんち ⑧どくしょ ⑨しゅうかん ⑩ちゅうや(ひるよる) ⑪ばりき ⑫ようび

指導の手引き

1 漢字の訓読みの問題。②「細い川」の「細い」は、送り仮名が「い」ですので、ここでは「ほそ-い」と読みます。④「遠ざかる」の読みを「とうざかる」としないよう、仮名づかいに気をつけます。

2 同じ漢字の複数の読みを答える問題です。下に送り仮名があるところは、下に訓読みを書きます。⑥「場」は「じょう」が音読みで、訓読みは「ば」です。

3 ①は方角、②は季節を表す漢字です。このように、漢字の意味で仲間分けして、まとめて覚えます。

4 ①「楽園(らくえん)」の読み方に注意します。「楽」は「がく・らく」の二つの音読みがあります。「音楽(おんがく)」のときは、「がく」と読みますが、「楽園」「楽勝」などは「らく」と読みます。同じ漢字でも、熟語によって読み方が違うことがあるので、気をつけます。

上級レベル 4 漢字の読み (2)

解答

1 ①あか・ひかり ②あたら・おし ③いけ・とり ④ひろ・とお・みせ ⑤なつやす・ちち・はは

2 ①りか・さんすう ②とお・てがみ ③きしゃ・うみ ④あに・がいこく

3 ①アい(ゆ) イおこな ウこう ②アあいだ イかん ウげん ③アかたち イけい ウぎょう

4 ①回—絵 ②寺—自 ③星—晴 ④新—心 ⑤形—計 ⑥歌—家

指導の手引き

1 漢字の訓読みの問題です。④「通り」の読みを、「とうり」としないように注意します。

注意 同じ漢字で、読み方も似ているものに注意します。
・月の光(ひかり)—しずくが光(ひか)る
・先生の話(はなし)—友だちと話(はな)す

2 熟語の読み方の問題です。①「理科」と「算数」は、ほかの教科の「音楽・図工・生活・体育」などといっしょに、仲間の言葉として覚えます。

3 ①「行」も②「間」も、読み方の多い漢字です。それぞれの読み方を例文の中で覚えるようにします。

4 すべて音読みにして、同じ読み方をするものを見つけます。①「かい」、②「じ」、③「せい」、④「しん」、⑤「けい」、⑥「か」です。

標準レベル 5 漢字の書き (1)

解答

1 ①広・海 ②明・星 ③遠・道 ④古・寺 ⑤長・冬 ⑥麦・食 ⑦楽・話・聞

2 ①東西南北 ②春夏秋冬 ③朝昼夜

3 ①午前・午後 ②絵画・音楽 ③国語・算数 ④毎週・当番 ⑤図工・時間 ⑥日曜・教会 ⑦外国・生活

4 ①火 ②原 ③公 ④思 ⑤声 ⑥米

指導の手引き

1 とめ・はね・はらいなどに注意して、筆順どおりに書きます。①「海」の「母」の部分を、「毋」としないように注意します。③「遠」、「道」の「辶」は三画で書きます。

2 ①・②は、四つの漢字が対等の関係で並んでいる四字熟語です。順番を入れ替えて使うことはできないので、このまま覚えます。①「南」の九画目は、上につき出ない(「半」ではない)ので注意します。

3 熟語の意味をよく考えながら書きます。①「午前」と「午後」は、対になっている言葉として覚えます。

ポイント 仲間の言葉・漢字はいっしょに覚えます。「春夏秋冬」「東西南北」「朝昼夜」などです。

4 合う音読みを選んで書く問題です。わかりにくいときは、その漢字を使った熟語やいろいろな言葉を思い浮かべてみます。①「月火水木」、②「草原」、③「公園」、④「意思」、⑤「音声」、⑥「白米」など。

上級レベル 6 漢字の書き (1)

解答

1 ①黒・鳥・羽 ②弓・矢・作 ③妹・姉・歌 ④馬・野・走 ⑤秋・強・風 ⑥門・近・店

2 ①色紙 ②弱気 ③里山 ④船出 ⑤市場 ⑥雪空

3 ①少 ②聞 ③止 ④交 ⑤細 ⑥回 ⑦晴 ⑧同 ⑨多 ⑩直

4 れい ①丸・岩・顔 ②親・心・新 ③地・池・知 ④汽・記・帰

指導の手引き

1 とめ・はね・はらいに注意して、筆順どおりに書きます。①「黒」、④「馬」の「灬」のいちばん左の点の向きに注意します。⑥「門」の六画目ははねるので、忘れないよう注意します。

2 ①・③・④・⑤・⑥は「訓読み＋訓読み」の熟語で、②「弱気」は「訓読み＋音読み」の熟語です。意味をよく考えて書きます。④「船」には「ふね」のほかに、「ふな」という訓読みもあるので注意します(「船出」「船乗り」など)。

3 音読みは同音の漢字がたくさんあるので、訓読みからどの漢字を指しているか考えます。①「少」は、四画目「ノ」を忘れて「小」としないように注意します。

4 同じ読み方をする漢字を書く問題です。ほかに、①は「元」、②は「森」、④は「気」などがあります。

標準レベル 7 漢字の書き (2)

解答

1 ①会 ②計 ③食 ④鳴 ⑤理 ⑥答

2 ①南方・国 ②兄弟・思 ③牛肉・買 ④先頭・走 ⑤人形・作 ⑥名文・読

3 ①麦茶 ②計画 ③顔色 ④今週 ⑤室内 ⑥売店

4 ①晴れる ②通う ③親しい ④少ない ⑤自ら ⑥用いる ⑦遠く

指導の手引き

1 ④「鳥→鳴」以外は、②「形→計」のように、同じ読みで意味の違う漢字の間違いを直す問題です。文をよく読み、どのような意味の漢字にするとよいかを考えます。なかでも、①「合う」と「会う」は、形もよく似ていて間違えやすいので注意します。「合う」は、「一致する」「一つになる」などの意味、「会う」は、「人と面会する」などの意味です。

❷ ①「南方」のように、「方」は、場合によっては「ぽう」とも読みます。③「牛肉」の「牛」の四画目は、上につき出ます。「午」とならないようにします。

❸ ①「茶」の「ホ」の部分が「木」とならないように、また、④「週」の「冂」の部分が「几」とならないように注意します。⑥「売」の「儿」の部分を、「八」としやすいので注意します。

❹ 送り仮名を間違えやすい漢字の問題です。④「少ない」、⑤「自ら」などは、かなり紛らわしいです。漢字を覚えるときは、送り仮名もいっしょに書いて覚えるようにします。

上級レベル 8 漢字の 書き (2)

解答

❶ ①絵日記 ②新聞社 ③朝食後 ④一週間 ⑤売上高 ⑥通行人

❷ ①電車・遠 ②古池・寺 ③父・会社 ④船(舟)・海外 ⑤北・雪雲 ⑥生活・知 ⑦直線・引

❸ ①毎朝 ②強弱 ③歌声 ④夜道 ⑤図画 ⑥教科

❹ ①半ば ②当てる ③記す ④楽しい ⑤帰る ⑥教わる

指導の手引き

❶ すべて三字熟語の書き取りです。言葉の意味を考えてから書くようにします。②「親文社」などと書き間違えないようにします。

❷ 正しい漢字を書くようにします。②「池」の四画目の形に注意します。⑤「雪」の「ヨ」の真ん中の横線がつき出ないようにします。

❸ あとに続く言葉をよく読んで、あてはまるものを選びます。①「毎」の「毋」の部分を「母」としないように注意します。③「歌声」の「声」の「士」の下の横線は短く書きます。「土」にならないように気をつけます。

❹ 送り仮名のつけ方が難しい漢字の問題です。①は、「半ば」というように「ば」をつけます。「半」の縦線は、上につき出るので気をつけます。また、⑤を「毎朝」としてしまうと、「図画」が入らなくなります。

標準レベル 9 かたかな

解答

❶ ①ランドセル ②ポット ③チョコレート ④ホットケーキ ⑤カーテン ⑥チューリップ

❷ (○を つける もの)①左 ②右 ③左 ④右 ⑤左

❸ (じゅんに)オ・ア・エ・ウ

❹ ①キャベツ ②チュンチュン

指導の手引き

❶ 一年生でも学習した、片仮名を正しく書けるかどうかをみる問題です。特に片仮名の促音(小さい「ッ」)や拗音(小さい「ャ・ュ・ョ」)の書き方に注意します。マス目に書くときは、マスの右上に小さく書きます。②「ポット」の「ッ」や③「チョコレート」の「ョ」が、正しく書けているか確かめてください。また、片仮名の長音の書き方にも注意が必要です。平仮名では「あ」「い」「う」「え」「お」を使うところも、片仮名ではすべて「ー」で表記します。③〜⑥では長音のところが正しく書けているか確かめます。

❷ 片仮名の促音・拗音・長音の書き方が、正しく理解できているかをみる問題です。もし間違っていたら、この機会に確実に覚えてしまうようにします。

❸ 二年生では、片仮名で書く言葉にはどんなものがあるかを中心に学習します。ここはそのことを解説した文章です。外国から入ってきた物の名前や外国の国名・地名、外国の人の名前は、片仮名で書きます。また、物音や動物の鳴き声も片仮名で書きます。このことを頭に入れて、片仮名を読んだり書いたりします。

❹ ①「きゅうり」は、昔から日本で作られていたので、平仮名や漢字(「胡瓜」)で表記していますが、「キャベツ」は外国から来て、日本でも作られるようになったものなので、片仮名で表記します。野菜・果物では「トマト」「レタス」「バナナ」「オレンジ」などが後者にあたります。

上級レベル 10 かたかな

解答

❶ ①ピアノ ②シャワー ③ポット ④テーブル ⑤ボール ⑥シャンプー

❷ ①オ ②イ ③エ ④ア ⑤ウ

❸ ①ャ ②ッ ③ュ ④ッ ⑤ョ ⑥ュ

❹ ①ザーザー・ピンク ②タワー・バス ③ニュース・ラジオ ④ビュービュー・ガタガタ

指導の手引き

❶ 小さく書く「ッ」や「ャ・ュ・ョ」、長音(「ー」)が正しく書かれているかに注意して、間違いを直します。また、「ヒ」→「ピ」のような半濁音の書き方や、「シ」と「ツ」、「ク」と「ワ」、「ン」と「ソ」のような似た字の間違いにも注意します。

❸ 小さく書く「ッ」や「ャ・ュ・ョ」のある片仮名の言葉の問題です。それぞれ次のような言葉になります。①「キャンプ」、②「ロケット」、③「シューズ」、④「ソックス」、⑤「チョーク」、⑥「ニューヨーク」。

4 片仮名で書く言葉の問題です。外国から来た物や、物音を表す言葉に着目して、片仮名で書く言葉を探します。そして、小さく書く「ャ・ュ・ョ」や長音の表記に気をつけて、正しく書くようにします。

標準レベル 11 ことばの いみ (1)

解答

1 ①イ ②ウ ③ア
2 イ
3 ①ウ ②イ ③ウ ④ア ⑤ウ

指導の手引き

1 それぞれ次のような様子や性質を表しています。①心が浮きたって喜ぶ様子や、うれしいことがあって、動きがはずむ様子を表します。②「わからずや」を漢字で書くと「分からず屋」です。つまり、道理がわからない人、わかろうとしない人のことを表します。③ある物事をすることに先立って、という意味を表します。

2 心配ごとなどが解決して、ほっとする様子を表しています。実際に胸をなでおろす動作をして、どのような気持ちになるか考えてみるとわかります。

3 いろいろな言葉にふれて、語彙を増やします。①「すんなりと」の意味のほかに、性質や状態がしつこくない様子を表すときにも使います。②よくない点を注意する、いましめるという意味です。③忙しくて休む暇もない様子や、気がせいて落ちつかない様子を表します。④大勢の人が一つのところに集まる、また、集まって騒ぐこと。ぎしぎし音がするという意味でも使います。⑤物事の内容が思ったよりも簡単だったり、もの足りなかったりすることを表します。

上級レベル 12 ことばの いみ (1)

解答

1 ①ア ②イ ③イ
2 ①よばれた ②おおわれる
3 ①ウ ②イ ③ア ④エ ⑤カ ⑥オ
4 れい あすは おそらく はれるだろう。

指導の手引き

1 慣用句は、二つ以上の言葉が結びついて特別な意味を表す言葉です。言葉が表す様子をイメージすると、意味をとらえやすくなります。

2 「～を…する。」という文を、「～が…れる(られる)。」という文に書きかえる問題です。「れる」「られる」を、いろいろな動詞に、自然な言い方でつけられるようにします。

3 選んだ選択肢の意味が、傍線部のあとの言葉の意味と合うかどうかを確認します。また、より確実に理解するためには、問題の言葉を使って、自分で文を作ってみるのも効果的です。

4 たぶん、きっと、という意味の副詞です。あとに「だろう」などの言葉がきます。

注意 短い文を作るときには、主語と述語が整った文にするように気をつけ、読点(とうてん)や句点(くてん)を正しくつけるようにします。また、短い文といわれたときには、二十字ぐらいを目安にして書きます。

標準レベル 13 ことばの いみ (2)

解答

1 ①エ ②イ ③オ ④ウ ⑤ア
2 ①ウ ②ア ③イ ④ア
3 ①イ ②オ ③ウ ④エ ⑤カ ⑥ア

指導の手引き

1 選択肢を傍線部にあてはめて、文の意味が通るかを確認します。①そんなことはあるはずがないという気持ちが強いときに使います。②漢字で書くと「一際」です。③漢字で書くと「無論」です。つまり、論じる必要がないほどはっきりしていることだということ。④さしあたって、第一に、などの意味。⑤「多くとも」の意味のほかに、できるだけ、つとめて、という意味もあります。

2 言葉にはいくつもの意味をもつものがあります。文の中で、どのような意味で使われているかを考えます。①「聞く」には、「耳に入る」「たずねる」「聞き入れる」などの意味があります。**ア**は「たずねる」、**イ**は「聞き入れる」、**ウ**は「耳に入る」という意味です。②「立つ」には、「立ち上がる」「あらくなる」「出発する」など、多くの意味があります。それぞれの選択肢の「立つ」がどの意味かを考えます。③・④についても同じようにして考えます。わからないときは国語辞典を引いて、それぞれの意味を確かめます。

3 選択肢の言葉の意味は次のとおりです。**ア**立派な働き、**イ**ぼんやりと覚えていること、**ウ**関係のない人に当たり散らすこと、**エ**見込み、**オ**きっかけ、**カ**その場所から動けないようにすること。

上級レベル 14 ことばの いみ (2)

解答

1 ①ア ②イ ③ア ④ウ ⑤イ
2 ①カ ②ア ③ウ ④イ ⑤エ ⑥オ
3 れい ともだちは、先生の はなしに 耳を かたむけて いる。

指導の手引き

1 どれも日常生活でもよく使い、テストにもよく出る慣用句です。意味がわからない場合は辞書を引き、用例も一緒に覚えます。

2 選択肢を傍線部にあてはめてみて、あとの言葉と合うかを考えます。なお、日ごろからたくさんの文章に触れて、語彙を増やすようにします。

3 「耳をかたむける」は、一生懸命に聞こうとする様子を表します。その意味を正しく理解して、主語と述語の整った文を作れていれば、正解です。

標準レベル 15 かなづかい・おくりがな (1)

解答

1 (〇を つける もの)①左 ②右 ③右 ④右

2 ①かたづける ②みじかい ③おおぜい ④おうさま ⑤かきごおり ⑥おやこづれ ⑦せいかつ ⑧けいさつ

3 とけえ→とけい

4 (〇を つける もの)①右 ②左 ③左 ④右 ⑤左

5 ①回る ②歩く ③数える ④歌う ⑤教わる ⑥行う

指導の手引き

1 仮名づかいの基本の問題です。「は・へ・を」の使い方に注意します。「ワ・エ・オ」と発音するものは、ふつう「わ・え・お」と書きますが、ほかの言葉にくっつく助詞のときは「は・へ・を」と書きます。それ以外のときはもちろん「わ・え・お」と書きます。①は「学校」という言葉にくっついているので、「え」ではなく、「へ」です。また、②は「音楽」、③は「兄」という言葉にくっついているので、それぞれ「を」・「は」と書きます。これに対して「おとうさん」は言葉のはじめにきていますので、「を」ではなく、「お」と書きます。この区別をしっかりとできるようにします。

2 仮名づかいの問題です。特に「じ・ず」と「ぢ・づ」の使い分けと、オ列の長音の仮名づかいに注意します。「ジ・ズ」と発音するものは、ふつう「じ・ず」と書きますが、例外もあります。たとえば、①「かたづける」が「片」「付ける」、⑥「おやこづれ」が「親子」「連れ」であるように、「つ」で始まる言葉がほかの言葉のあとについてにごった場合は「づ」を使うのです。また、オ列の長音は、原則「う」を添えて書きますが、これも例外があります。③「おおぜい」、⑤「かきごおり」などの言葉は「お」を添えて書きます。あまり数は多くないので、覚えるようにします。

3 エ列の長音に注意します。エ列の長音は、「え」を添えるものより「い」を添えるもののほうが多く、「おねえさん」や、呼びかけや応答の「ねえ」「へえ」など以外は、「い」を添えて書きます。ですので、ここでは、「おねえさん」は正しく、「とけえ」が間違っていることになります。2の⑦「せえかつ」、⑧「けえさつ」も、「せいかつ(生活)」、「けいさつ(警察)」が正しい表記です。

5 送り仮名を間違えやすい漢字の問題です。漢字の練習をするときは、送り仮名にも注意して書くようにします。

上級レベル 16 かなづかい・おくりがな (1)

解答

1 (〇を つける もの)①左 ②右 ③左 ④右

2 ①ず ②ず ③づ ④ず ⑤づ

3 ①ぢ ②じ ③ぢ ④ぢ ⑤じ

4 ①太い ②長い ③楽しい ④明らか ⑤少し ⑥分かれる ⑦光る ⑧後ろ

5 (〇を つける もの)①中 ②中 ③右

指導の手引き

1 仮名づかいの問題。②動詞の「言う」は「いう」と書きます。また、③同じ発音が続く言葉は「つづく」「ちぢむ」というように、「づ」「ぢ」と書きます。

2・3 「じ・ず」と「ぢ・づ」の使い分けの問題です。「ジ・ズ」と発音するものは「じ・ず」と書くのが原則ですが、3の③「みぢか(身+近い)」や、④「はなぢ(鼻+血)」のように、二つの言葉が合わさってできている言葉や、2の③「つづる」、3の①「ちぢむ」のように同じ発音が続いている言葉のときは、それぞれ「ぢ」「づ」を使います。しっかり覚えて、間違えないようにします。

4 送り仮名の問題です。送り仮名は、活用のある語は活用語尾から送るというのが原則です。①「太い」、⑦「光る」などがそれにあたります。また、形容詞の送り仮名は、「長い」のように活用語尾から送りますが、語幹が「し」で終わるものは、③「楽しい」のように「し」から送ります。このきまりをしっかりと覚えます。

5 間違えやすい送り仮名の問題です。①「直」は「直ちに」のほかに、「直す」「直る」という読み方もあるので気をつけます。また、③は「自から」としないように注意します。

ポイント

②「〜しい」の形の形容詞なので、送り仮名は「しい」となります。

標準レベル 17 かなづかい・おくりがな (2)

解答

1 ①とおで ②こうりつ ③いもうと ④こうだい ⑤おうじ ⑥くうき

2 (〇を つける もの)①右 ②左 ③左 ④左 ⑤右 ⑥左 ⑦右 ⑧左

3 ①合 ②新 ③外 ④丸 ⑤晴 ⑥鳴 ⑦明 ⑧細

4 ①交わる ②歩み ③止まる ④通う ⑤半ば ⑥後ろ ⑦記す

指導の手引き

1 オ列の長音は、②「公立(こうりつ)」、⑤「おうじ(王子)」のように、「う」を添えて書くのが原則ですが、ここでは①「遠出(とおで)」だけが「お」を添えて書きます。

❷ 「じ・ず」「ぢ・づ」の使い分けに注意します。①「地」は、「ジ」と発音する場合は「じめん」「じしん」など、「じ」と書くので注意します。⑦「三日月(みかづき)」は「三日＋月」、⑧「力強い(ちからづよい)」は「力＋強い」というように、二つの言葉が合わさってできた言葉なので、「づ」と書きます。また、⑥「大通り」は、「とおい」などと同じように、「お」を添えて書く言葉です。

注意 「お」を添えて書く言葉は、ほかに次のようなものがあります。「おおかみ」「こおり」「こおろぎ」「ほお(頬)」「ほのお」「とおる」「おおう」「おおい」「おおきい」など。よく出てくるものは限られているので、覚えてしまうようにします。

❸ まず、枠内の漢字を順に訓読みしてみます。両方の送り仮名にあてはまるものから確定させていきます。「新(あたら)しい・新(あら)た」「細(ほそ)い・細(こま)かい」のように、送りがなによって読みが異なるものに注意します。④は「細」もあてはまりますが、そうすると「丸」の入る場所がなくなります。

❹ 名詞は送り仮名を付けないのが原則ですが、⑤「半ば」、⑥「後ろ」のように、一部例外があるので、覚えるようにします。

上級レベル 18 かなづかい・おくりがな (2)

解答

❶ ①せえふく→い ②かなずち→づ ③もおふ→う ④ちじむようです→ぢ ⑤ひこおき→う ⑥しずかに→ず

❷ ①同じ・走り ②強い・帰り ③数えて・分けなさい ④古く・親しい ⑤教える・考えなさい

❸ ①春休み ②売り上げる ③見直す ④回り道 ⑤語り合う ⑥心細い

指導の手引き

❶ 一つの文の中に、仮名づかいを間違えやすい言葉がいくつもあるので、注意しましょう。①では「いもうと」「せいふく」です。②では「とうさん」「かなづち」「おおきい」が間違えやすい言葉です。「かなづち」は「金(かな)＋槌(つち)」なので、「づ」を使います。④の「ちぢむ」は、同じ発音が続いている言葉なので、「ぢ」と書きます。⑤ではオ列の長音に注意します。⑥では「づ」と「ず」の使い分けに気をつけます。

❷ ②「帰る」の送り仮名に注意します。③「数える」などに引っぱられて、「帰える」としないようにします。

❸ 複合語を送り仮名を正しくつけて表します。②「うりあげきん」の場合は、「売上金」となることを覚えておくようにします。

標準レベル 19 同じ いみ・はんたいの いみの ことば (1)

解答

❶ ①原・のはら ②石・がんせき ③画・かいが ④語・げんご ⑤考・しこう

❷ ①大切 ②本当 ③水色 ④父母 ⑤用心 ⑥友人 ⑦文面

❸ ①天 ②夜 ③白 ④子 ⑤南

❹ ①朝食 ②晴天 ③海外 ④肉食 ⑤午後 ⑥少数 ⑦室内 ⑧南下

指導の手引き

❶ 少し言葉として難しいものもありますが、それぞれの漢字の意味を考えながら、似た意味の漢字で熟語を作るようにします。

❷ 漢字に直すと、①大事、②真実、③空色、④両親、⑤注意、⑥友達、⑦文面、となります。

❸ 「地」と「空」、「地」と「天」、「昼」と「夜」、「朝」と「夜」のように、反対や対になる言葉が複数あるものもあります。

❹ ③・⑦・⑧以外は、一字が異なる反対語です。このような反対語は多いので、セットで覚えます。

上級レベル 20 同じ いみ・はんたいの いみの ことば (1)

解答

❶ ①体 ②魚 ③色 ④頭 ⑤店 ⑥道

❷ ①エ ②オ ③イ ④ア ⑤ウ

❸ ①にがい(からい) ②くらい ③おそい ④長い ⑤売る ⑥引く ⑦つける ⑧ちがう(ことなる・べつの)

❹ ①新しい ②少ない ③下る ④来る(帰る・戻る) ⑤弱い ⑥遠い ⑦細い

指導の手引き

❶ 聞きなれない言葉もあって、少し難しい問題です。傍線部を漢字に直すと、次のようになります。①身体、②魚類、③色彩、④頭部、⑤売店、⑥道路。それぞれの熟語の一字が答えとなります。

❷ 日頃から、いろいろな言葉で様子や状況を表すように心がけます。それぞれの言葉が表す意味は次のとおりです。①疑いをもたれる様子だ。②無駄口などが多く、さわがしい。③かわいそうで胸がしめつけられるような気持ちだ。④不愉快で見ていたくない様子だ。⑤やることが多くあり、いそがしくて落ちつかない。

ポイント なじみのない言葉であれば、③「いたましい事件に涙を流す。」など、用例を含めて覚えます。

❸ ④「みじかい↔長い」のように、習った漢字はできるだ

け使うようにします。⑤「買う↔売る」、⑥「おす↔引く」なども同じです。④「みじかい↔多い」と間違えないようにします。「少ない↔多い」です。

4 送り仮名にも注意して答えます。③「上る」なので、「下る」となります。

標準レベル 21 同じ いみ・はんたいの いみの ことば (2)

解答

1 ①ウ ②オ ③ア ④エ ⑤イ

2 ①ウ ②ア ③エ ④イ ⑤オ

3 ①後・ぜんご ②弟・きょうだい ③下・じょうげ ④少・たしょう ⑤外・ないがい

4 ①エ ②ア ③オ ④イ ⑤ウ

指導の手引き

1 漢字に直すと、①「友人」。②「意外」。思いのほか、予想外に、という意味。③「決心」。④「自然」。⑤「原因」。

ポイント わかりにくいようであれば、②「意外に簡単だ」、④「自然の色」などの用例を示して、――部が「案外」「天然」に置き換えられることを確認します。

2 似た意味の言葉はまとめて覚えます。①「ぜったいに」は、どんなことがあっても、という意味。②「たぶん」は、断定するにはあまり自信のないときに使います。③「たまに」は、何かの機会があったときに、まれに、という意味。④「ふと」は、ちょっとしたきっかけで物事を行う様子を表します。⑤「たちまち」は、急に、すぐに、という意味。選択肢の中の似た意味を表す言葉をあてはめてみて、意味が通るかどうか確認します。

3 漢字のもつ意味を考えて、反対の意味のものを探します。いずれも、熟語としても覚えておくようにします。

4 反対の意味の言葉をあてはめても意味が通じるので、確認してから答えます。

上級レベル 22 同じ いみ・はんたいの いみの ことば (2)

解答

1 ①用いる ②通る ③分ける ④鳴く ⑤記す

2 ①天 ②里 ③林 ④丸 ⑤内

3 ①くらい ②あさい ③高い ④まずしい ⑤さからう ⑥じょうひんな

4 ①市内 ②下校 ③多数 ④北西 ⑤弱気 ⑥地下

指導の手引き

1 言葉の意味をよく考えます。そして、選択肢を傍線部にあてはめて、意味が通るかどうか確かめます。

注意 ①・③・⑤は、送り仮名にも注意して書くようにします。

2 ②「里」には「ふるさと」という意味のほかに、「家が少し集まっているところ、村」という意味があります。

3 形容詞・形容動詞・動詞の、それぞれの言葉の反対語を答える問題です。「明るい↔くらい」「したがう↔さからう」「げひんな↔じょうひんな」というように、まとめて覚えるようにします。マス目の字数に合うように、③は漢字を使って書きます。

4 漢字に直すと考えやすくなります。①市外、②登校、③少数、④南東、⑤強気、⑥地上、となります。④は、両方の漢字を反対の意味の漢字にします。

標準レベル 23 ふごうの つかい方

解答

1 ①わたしの 姉は、母の りょうりの てつだいを よく します。
②公園に つくと、みんなは もう サッカーを して いた。
③ペンと ノート、そして 本を 用意しなさい。
④とても つかれましたが、がんばりました。
⑤これは めずらしい かびんなので、大事に して ください。
⑥頭が いたくて しかたが なかった。だから、学校を 休んだ。

2 ①「お元気ですか。」
②「これは だれの かばんですか。」
③「明日は 家に いますか。」
④「さようなら。」
⑤「ことばは 大切な ものです。」

3 ①上に あるのが、わたしの 本です。
②わたしの さいふには、二百円しか 入って いません。
③公園まで 行きたいのですが、どう やって 行くのでしょうか。
④さあ、早く 家に 帰りましょう。
⑤二月十日、それが ぼくの たんじょう日だ。

4 ①となりの 家の ガラスを わって しまったので、「ごめんなさい。」と あやまりました。
②学校の 帰り道で、「今日は 公園で あそぼう。」と さそわれました。
③こまって いた ところを たすけられたので、「ありがとうございます。」と いいました。
④わたしが いつまでも ぐずぐずして いたら、お母さんが 「早く しなさい。」と いいました。

指導の手引き

1 句読点は、文の意味をわかりやすくするために付けるものです。小学校の低学年では、読点(、)を「てん」、句点(。)を「丸」と呼んでいます。ここでは、文の中のどこに読点を打てばよいかを考えます。①は、長い文の中の「姉は、」という主語のあとに読点を打ちます。②は、「公園につくと、」というように、文と文が分かれるところに打ちます。④・⑤も、同じような考え方で打ちます。このほか、③の文のように、並立関係にある語句のあとに打つ場合や、⑥の文の「だから、」などの接続語のあとに打つ場合があります。ただ、読点の打ち方には絶対的な決まりはありませんので、慣れていく必要があります。

2 「 」(かぎ)は、会話の部分や心の中の言葉、そして、文中で語句を引用するときに使います。⑤は「ことばは大切な ものです。」というところが、本から引用した言葉なので、「 」を使います。その他は会話の部分に「 」を使います。

3 それぞれの文に、句読点を適切に付ける問題です。句点は文の終わりに付けるのでわかりやすいですが、読点はかなり難しいです。文の中の読みにくいところや意味の切れ目に使うと覚えておきます。④「さあ、」⑤「二月十日、」は、文の切れ目に付ける場合です。

注意 点や丸(句読点)を正しく付けるということは、文章を書くうえで最も基本となる事柄なので、十分に注意をはらう必要があります。読点の付け方ひとつで、文の意味や印象が変わってしまうこともあります。

4 ②どこからが会話なのかに注意します。

上級レベル 24 ふごうの つかい方

解答

1 友だちの 家に 行って、本を なんさつか 見せて もらいました。その 子は 本が 大すきで、ほんとうに たくさんの 本を もって います。わたしは そんなに 多くの 本を 読む ことは できませんが、少しずつ 読もうと 思って います。今度 返しに 行く ときには、読んで 思った ことを 話し合おうと 思います。

2 わたしは 空が すきで、よく 外に 出ては 見上げて います。ぼんやりと ながめて いると、だんだん 心が すっきりと なって、さわやかな 気持ちに なれます。天気の ことも きょうみが あります。大きく なったら、天気に ついて 学びたいと 思って います。

3 「ちゃんと 手を あらいましたか。」

4 ②・④・⑤

5 ①わたしは さけびながら、走る 弟を おいかけました。
②わたしは、さけびながら 走る 弟を おいかけました。

指導の手引き

1 どこに区切りがあるとよいか、声に出して読んでみます。「行って、本を」の部分の読点は、「友だちの家に行く」という文と、「本を見せてもらった」という二つの文に分かれるところに打っています。「大すきで、ほんとうに」「できませんが、少しずつ」の部分の読点も同じです。「ときには、読んで」の部分の読点は、時や場合などを表す前置きの文のあとに打っています。

2 読点(、)は文の切れ目などに、句点(。)は文の終わりに打ちます。

4 正しくは、②「楽しいから、もう 少し 話しましょう。」、④「走ろう、さもないと おくれるよ。」、⑤「山の 上から 見た けしきは、きれいだった。」です。意味のまとまりに注意します。

注意 読点を誤って打つと、意味がくずれたり、たいへん読みづらくなったりするので、十分注意します。また、きちんとした読点が打たれた文章は、リズム感が生まれ、たいへんきれいな印象を与えることができます。

5 読点(、)を打つ位置で、文の意味が変わります。正しく伝わるように、意味のまとまりを考え、読点を打ちます。打ったあとは、読み返してみて、どのような意味になるかを確かめます。

25 最上級レベル 1

解答

1 ①ふゆ・あさ ②がようし・え ③なんぼく・はし ④ごご・ちゅうしょく ⑤もんぜん・きょうだい

2 ①魚・鳥・肉 ②妹・話・聞 ③海・丸 ④新聞・知

3 ①コップ・ミルク・トースト ②テレビ・アナウンサー・ヘルメット

4 ①ア ②ウ ③イ ④ア

指導の手引き

1 ③「南北(なんぼく)」、④「昼食(ちゅうしょく)」、⑤「兄弟(きょうだい)」などの読み方に注意します。

2 ①「魚」「鳥」は「灬」のいちばん左の点の向きに注意します。②の「聞」は、「間」など形の似ている漢字に注意します。③「まるい」は、同じ読み方で「丸い」と「円い」の二つがあります。ここでは、「球のような貝をひろう」という意味の文なので、「丸い」のほうを使います。

3 片仮名で書く言葉をつかむ問題です。ここでは、外国から来た物や言葉に注目します。①「コップ」、②「ヘルメット」では、小さく書く「ッ」に注意します。また、①「トースト」、②「アナウンサー」では、片仮名の長音の表記「ー」に気をつけます。

4 いろいろな言葉にふれて、語彙を増やすようにします。問題文の言葉を使って自分で文を作ってみると、より確実に意味や使い方を覚えられます。

ポイント

言葉の意味を覚えるだけでなく、どのような場面、また、どのような文の中で用いられるかを理解しておく必要があります。作文を書くときや話をするときなどでは、使い慣れた言葉ばかりではなく、いろいろな言葉を積極的に使うようにします。

26 最上級レベル ②

解答

1 ①じんこう ②くうしゃ ③おおあめ
④こうせん ⑤おうこく ⑥ちかぢか
⑦ずじょう ⑧だいく

2 ①親しい ②明らか ③用いる
④教える ⑤光る ⑥楽しい
⑦細かい ⑧新しい

3 ①エ ②イ ③オ ④ウ ⑤ア

4 ①小・だいしょう ②地・てんち
③弱・きょうじゃく ④買・ばいばい
⑤近・えんきん

5 学校に 行こうと したら、「おべんとうを わすれて いるよ。」と お母さんに 言われた。

指導の手引き

1 漢字の読み仮名の問題ですが、仮名づかいの問題でもあります。①「人工」を「ぢんこう」と書いたり、⑤「王国」を「おおこく」と書いたりすると、仮名づかいが間違っていることになります。「じ・ず」と「ぢ・づ」の使い分けと、オ列の長音に注意します。⑥「近々」は「ちかぢか」と読み仮名を書きますが、⑦「頭上」は「ずじょう」なので、注意します。また、②「空車」は「くうしゃ」、④「光線」は「こうせん」と、オ列の長音の書き方の原則どおり「う」を添えますが、③「大雨」は「おおあめ」と「お」を添えるので、注意が必要です。仮名づかいを間違えたものがあった場合は、本書の15〜18回の「かなづかい・おくりがな」で復習をします。

2 紛らわしい送り仮名の問題です。特に②「明」は「明かり・明るい・明らか・明ける・明く」などと読み方が多く、送り仮名も違うので注意します。

3 問題に出てきた言葉は、そのつど覚えるようにします。それぞれの言葉の意味は次のとおりです。①ひとりでに。おのずと。②ちょうどそのときは、都合が悪い様子。③危ない目にあう直前に逃れる様子。④それればかり。ただただ。⑤間をおかない様子。

4 漢字のもつ意味を考えて、反対の意味の漢字を見つけます。どれも基本的なものばかりですので、覚えてしまいます。

標準レベル 27 し (1)

解答

1 (1)うみの 手・白い 手・つないだ 手(順不同)
(2)(〇を つける もの)左
(3)(〇を つける もの)右
(4)(〇を つける もの)右

指導の手引き

1 (1)各連の二行目で、「なみは 手かな」をいい換えています。「うみの 手」「白い 手」「つないだ 手」の三つを挙げています。
(2)「手(波)」が「ぱっと ひらいた」という表現は、波が何かにぶつかって、一度にくだける様子を表しています。
(3)くだけた波の中から一つの貝殻が放り出された様子を「(波が)なげた」と表しています。
(4)長い波を「つないだ 手」という表現で表しています。それが「なみうちぎわ」を「かこんだ」ということは、一度に波が押し寄せたということです。

ポイント

この詩のように、人間でないものを人間のようにたとえる表現技法を、「擬人法」といいます。

上級レベル 28 し (1)

解答

1 (1)だれかしら
(2)ゆり・ばら(順不同)
(3)(〇を つける もの)中
(4)(〇を つける もの)右
(5)(〇を つける もの)右

指導の手引き

1 (1)題名にもあるように、この詩は「だれかしら」という問いかけの言葉を中心に展開しています。
(2)第二連は「ゆり」、第三連は「ばら」について、それぞれ「だれかしら」と問いかけています。
(3)「だれかしら」という疑問に、作者の気持ちが表れています。何かに名前をつけるということは、そのものとほかのものとを区別するということです。ある花に名前をつけてほかの花と区別する、という行為に、名前をつけた人の、その花に対する愛情を感じ、その花を愛した人はだれだろう、と考えています。
(4)第一〜第三連の内容を受けて、「おぼえて/いるかしら」といっています。花に名前をつけた人のことを、花は「おぼえて/いるかしら」といっているのです。
(5)「だれかしら」という問いかけの表現で書かれているので、ふしぎそうに読むと気持ちが伝わります。

ポイント
同じ語句がくり返されることで、読み手にその印象を強く残す表現技法を、「反復法」といいます。感動の中心となるものなどが、くり返されます。

標準レベル 29 し（2）

解答

1 (1)おふろ (2)なみだ (3)(○を　つける　もの)左 (4)(○を　つける　もの)一つめ・三つめ (5)(○を　つける　もの)右

指導の手引き

1 (1)「おふろの　ガラス」とあることに注目します。「おふろ」に入ったときの様子をうたったものだとわかります。
(2)第三連に注目します。「なみだを／ながしちゃう」とあるように、これは、ガラスにかいた顔のしずくが流れて落ちていく様子を表しています。
(3)前の問題で見たように、しずくが落ちていくので、涙が流れているように見えるのです。おふろのガラスに実際に何かをかいてみたときのことを想像します。ガラスがゆがんだり、あかりがきえそうだったりなどという内容が書かれていないことからもわかります。
(4)詩をよく読んでとらえます。第三連・第五連の「みんな」から、いくつも顔がかいてあることがわかります。また、第三連・第四連の「みんな　なみだを／ながしちゃう。」「わらった　かおまで／ないてるよ。」から、どの顔も泣いたように見えることがわかります。
(5)「ないちゃうよ」「ないてるよ」と、おかしげに呼びかけています。

上級レベル 30 し（2）

解答

1 (1)ひとりごと (2)バラの　花 (3)(○を　つける　もの)右 (4)ほほえみ (5)ほほえみ (6)(○を　つける　もの)右

指導の手引き

1 (1)三連で構成されています。第三連が一段低く書かれており、前二つの連と三連とで表しているものが違うと考えられます。第三連に「たまねぎさんの　ひとりごと」とあるので、第一連・第二連は、たまねぎの「ひとりごと」を書いていたのだとわかります。
(2)第一連に注目します。「バラの　花に　なりたいな」と書かれています。
(3)たまねぎを切ると涙が出ます。そのたまねぎのひとりごととして、「バラの　花に　なりたい」と書いているように、たまねぎは涙を流させたくないと思っているのだという想像を、作者は詩にしているのです。その、たまねぎの気持ちを表現しているのが「なみだじゃ　なくて」となります。
(4)「なみだじゃ　なくて」の次の部分を読みます。「ほほえみを……あげたいな」と書かれています。
(5)第三連を読みます。「そして／ほほえみ／もらいました」とあります。(3)で見たようなたまねぎの気持ちを想像しながら、「ほほえみ／もらいました」といっているところに、この詩のおもしろさがあります。
(6)たまねぎが「ひとりごと」をいうという内容なので、本当にあったことではありません。また、「わたしは　聞いて　しまいました」というところから、「人から　聞いたこと」ではないことがわかります。

標準レベル 31 物語（1）

解答

1 (1)れい あたらしい　家の　地図を　はった。 (2)れい ゴロジに　地図を　見て　ほしかったから。 (3)(○を　つける　もの)左 (4)そっと (5)れい ゴロジと　いっしょに　いたいと　いう思い。

指導の手引き

1 (1)「まどの　下に　走って　いった」に続く部分に、「ゴロジが　見えそうな　ところに　地図を　はった」とあります。この部分に注目します。
(2)「ぼく」が「さみしく　なったら、これを　見て　おいでよね。」といっていることに注目します。「ぼく」は、「ゴロジ」に、その地図を見て、新しい家に来てほしいと思っているのです。
(3)「ぼく」は、「ゴロジ」がいなくなってしまったことを悲しく思い、何とか出てきてほしいという気持ちで、大きな声で呼んだのだと考えられます。「かなしくて　つらい気持ち」を感じ取るようにします。
(4)「のそっと」は、ゆっくり動く様子を表しています。これと同じように、「そっと　こっちを　見て　いる」の「そっと」は、物音が立たないように動く様子を表しています。
(5)「さよならじゃ　ない」からは「さよならしたくない」という気持ちが読み取れます。新しい家の地図を「ゴロジ」が見えそうなところにはったり、「まって　いるからね」と大声でいったりしていることからも、「ゴロジ」とこのまま別れたくないと思っていることがわかります。

上級レベル 32 物語(1)

解答

1
(1) れい ほとけさまが　おはぎを　食べた　ことに　する　ため。
(2) かんかんに
(3) れい 丸たんぼうで　たたいた。
(4) 食わん食わん(食べていない・食べなかった)
(5)(○を　つける　もの)中

指導の手引き

1 (1)あんをなすりつけたあとの「こう　すれば、食べても平気さ。」という言葉や、「おしょうさん」が「おはぎはどう　した。」と聞いたあとの「一休」の言葉「ほとけさまの　口に　あんが　ついて　いますから、ほとけさまが食べて　しまったのでしょう。」から、「仏様」の口にあんをつけて、「仏様」がおはぎを食べたことにしようとしたことがわかります。
(2)「かんかんに」という言葉は、ひどく怒っている様子を表すときに用いられる言葉です。
(3)「おしょうさん」の言葉に注目します。「しおきしてやる」と言っています。その言葉のあとに、丸たんぼうで「仏様」をたたいていることから、これがしおきなのだとわかります。
(4)この話は、「一休」と「おしょうさん」のとんち比べを書いています。「仏様」が食べたと言う「一休」に対し、「おしょうさん」は、仏像である「仏様」がおはぎを食べるはずがないとは言わず、「仏様」が「クワン　クワン(食わん食わん)」と音を立てることを利用したのです。
(5)「仏様」が食べたと主張する「一休」に対し、「おしょうさん」は、「仏様」が「クワン　クワン(食わん食わん)」と音を立て、それによって返事をしたと見立てて、とんちでやりこめたのです。

標準レベル 33 物語(2)

解答

1
(1)(○を　つける　もの)中
(2) つつみ
(3) れい じゅうしょも、さしだし人も、書いてなかったから。
(4) れい もう　一度　ゆうびんきょくの　ドアをあけた。
(5)(○を　つける　もの)中

指導の手引き

1 (1)「はい、そこ　どいて。」や「いそがしいんだから。はいたつ、行って　きまーす。」などの言葉から、あわただしく、忙しそうな様子をとらえます。
(2)「かなこは、いきなり　三毛ねこに　つつみを　おしつけられました。」とあります。「おしつける」が、無理にやらせるという意味であることをとらえます。
(3)つつみを見ると、『たつまき・ゆうじろうさまへ』とだけ書いてあり、「じゅうしょも、さしだし人も、書いてありません。」とあるように、どこに届ければよいかがわからない状態だったのです。
(4)直後を読みます。「かなこは、もう　一度　ゆうびんきょくの　ドアを　あけました。」とあります。「かなこ」は、郵便局でつつみの届け先や差出人を確認しようと思ったのだと考えられます。
(5)ねこしかいない郵便局の様子が描かれていることから、日常ではあり得ない内容だということをとらえます。

注意　文章全体の雰囲気をとらえる問題では、日頃からいろいろな文章を読むことで、文章の雰囲気を比較できるようにしておくことが重要です。

上級レベル 34 物語(2)

解答

1
(1) にんじん・ねぎ
(2)(○を　つける　もの)左
(3)(○を　つける　もの)一つめ
(4)(○を　つける　もの)左

指導の手引き

1 (1)「先生」は「子どもたち」を前にして、「そんな　ことは　ないでしょう。おいしそうに、にんじんも、ねぎも、食べて　いる　くせに。」といっていますが、あとの文で、「子どもたち」は口々に「きらいだ」といっています。ここから、「子どもたち」がにんじんやねぎを嫌っていることがわかります。
(2)いすの上に立って叫ぶと、みんなに伝わります。「食べて　いる　くせに」という先生に対して、「子どもたち」は食べたくないので必死に反論しています。「綾加」も、みんなに伝わるように、いすの上に立って叫んでいるのです。
(3)「どっと」は、大勢が一度に声をあげる様子を表す言葉です。
(4)ピーマンが嫌いで、みんなも「きらい、きらい。」といい、自分もみんなの前で「大きらい」だといってしまった「綾加」にとって、「ピーマン、大すき」という「拓也」の言葉は、驚くような言葉だったのです。「頭を　たたかれたような」という言葉は、強いショックを表しています。

標準レベル 35 物語(3)

解答

1
(1)(ネミちゃんと　カナちゃんは)かけて　いって、せんせいを　まんなかに　して、(もんをはいって　いきました)
(2) れい みずいろのかさ
(3) みずいろ・あお(い)・しろ(い)(順不同)

(4)(○を　つける　もの)中

指導の手引き

1 (1)待っていてくれた「先生」のところへ二人がかけていって、「先生」を真ん中にして歩く様子から、二人が「先生」のことを慕っていることが読み取れます。

(2)□で囲まれた部分に、「先生」の傘について書いてあります。なお、この部分は、色を表す言葉を効果的に用いており、美しいイメージで書かれています。

(3)□で囲まれた部分に、「先生」の上だけ晴れているような様子が、「水色」「青い」「白い」など、晴天をイメージする色で描かれています。

(4)「ネミちゃん」も「カナちゃん」も「先生」が好きです。だから、「先生」と同じ色の傘にしたいと思うのは、「カナちゃん」も同じなのです。それなのに、「ネミちゃん」が先に「みずいろの　かさに　しようかなー」といったので、「カナちゃん」はくやしかったのだと考えられます。

上級レベル 36 物語(3)

解答

1 (1)れい　つめたく　なって　いた

(2)れい　じぞうさまの　かたや　せなかを　なでて　あげた。

(3)れい　じぞうさまは、六人　いるのに、かさは　五つしか　ない　こと。

(4)れい　自分の　つぎはぎの　手ぬぐいを　かぶせて　あげた。

(5)(○を　つける　もの)右

指導の手引き

1 (1)解答欄の前の「ぬれて」に続く部分を考えます。書くときは、「つめたい」の形を変えて書きます。

(2)かさをかぶせる前の行動は、「そうじゃ。この　かさこを　かぶって　くだされ。」の前に書かれています。「じいさま」は、ぬれて冷たくなっていた「じぞうさま」の肩や背中をなでてあげたのです。

(3)直前の部分をとらえます。「じぞうさまの　数は　六人、かさこは　五つ」とあるので、この内容を一文にまとめて書きます。指定の言葉を使うだけでなく、正しく文を書くことも大切です。

(4)六人の「じぞうさま」に、かさは五つしかありませんでした。そこで、「おらので　わりいが、こらえて　くだされ。」と言って、「じいさま」は、自分のつぎはぎの手ぬぐいをとって、かぶせてあげたのです。

(5)自分も寒いはずなのに、冷たくなった「じぞうさま」の心配をし、売り物のかさや自分の手ぬぐいまで「じぞうさま」にかぶせてあげていることから、「じいさま」の優しい人がらが読み取れます。

標準レベル 37 物語(4)

解答

1 (1)れい　あたりが　うすぐらく　なって　いたから。

(2)ずんずん

(3)れい　せなかの　きのこが　おもたく　なってきたから。

(4)(○を　つける　もの)中

(5)お父さんやきょうだいたち

指導の手引き

1 (1)直前を読み取ります。「タンゴ」は、あたりが「いつの間にか、うすぐらく　なって」いたことに気づいて、「早く帰らなくちゃ。」と思ったのです。「いそぎ足で　歩きだしました」という表現に、早く家に帰りたいという気持ちがよく表れています。

(2)「ずんずん」は、物事が勢いよく進んでいく様子を表す言葉です。ここでは、歩くにつれて、ふろしきづつみがどんどん重たくなっていく様子を表しています。体が疲れて、背中にしょったきのこが重く感じられてきたのです。

(3)「タンゴ」が、きのこの重みにたえきれなくなって、すわりこんでしまっていることをとらえます。このきのこをしょって歩くのはとても無理だと、「タンゴ」は思ったのです。

(4)「みんな」は、帰りの遅い「タンゴ」を心配していました。しかし、「やれやれ」のあとに「ぶじで　よかった」とあるように、「みんな」は、「タンゴ」の姿を見て安心したのです。

(5)「タンゴ」を呼ぶ声のあとに、「お父さんや　きょうだいたちの　よぶ　声が　聞こえて　きました。」とあります。ここから、「みんな」とは「お父さんや　きょうだいたち」だとわかります。「みんな」は「タンゴ」を心配して迎えに来たのです。

上級レベル 38 物語(4)

解答

1 (1)れい　よんでも、走って　こなく　なった。・さんぽに　行きたがらなく　なった。・昼も　夜も　いねむりばかり　するように　なった。(順不同)

(2)れい　クロが、にわから　さびしそうに　よんで　いたから。

(3)れい　心ぱいで、わるい　ことばかりが　うかんだ。

(4)がらんとして・いきを止めてしまっている

指導の手引き

1 (1)文章の最初のほうに、「クロ」の様子が書かれています。年をとった「クロ」は体力をなくしており、活発に動かなくなったことが読み取れます。

(2)「お父さんが、にわへ　下りて……リードも　外して

ねかして　やった」の前の部分に注目します。夜遅くに、「クロ」が庭から寂しそうに呼んでいたので、「お父さん」は「クロ」をだっこしてやって、リードも外しているのです。「お父さん」は、「クロ」が元気をなくしていて、勝手に歩き回ることはもうできないだろうと考えたからだと思われます。

(3)朝起きたあとの場面に注目します。「心ぱいだ」、「わるい　ことばかりが　うかんで」をまとめます。「うちじゅうで　さがしに　走った」は、家族みんなで捜した、という意味で、家の中を捜したという意味ではありません。

(4)最後の段落に、「クロ」がいなくなったあとの場面があります。ここから抜き出します。「クロ」のいない家や庭は、急に広くなったようにがらんとし、ひっそりと寂しい様子になったことが伝わってきますが、このような家の様子は、「ぼく」の寂しくて不安な気持ちを表しているとも考えられます。

39 最上級レベル ③

解答

1 (1)ふきのとう・ねこやなぎ(順不同)
(2)(○を　つける　もの)二つめ
(3)雪どけのにおい
(4)ヒュルルヒュルル
(5)(○を　つける　もの)左

指導の手引き

1 (1)ふきのとうもねこやなぎも、早春の訪れを告げる植物です。「顔を　のぞかせて　いました」「つぼみ」という表現からも、春であることがわかります。

注意 この物語では、春になった喜びがよく表されています。季節を感じさせる植物などは、日頃からよく見ておくようにします。

(2)直前の部分に注目します。「にこっと　して」という言葉からもわかるように、喜んでいる様子を表しています。「みんな」は、三つのふきのとうのことを指しています。

(3)直前の部分に注目します。ねこやなぎのつぼみが北風に吹かれてゆれ、そのときに「雪どけの　におい」を感じたことから、「コウくん」は北風が春をつれてきたのだと思ったのです。

(4)北風について、「ヒュルル　ヒュルルと　北風は　わらって、海の　遠くに　ふきすぎて　いきました。」とあります。これは、北風が吹いている様子を擬音語や擬人法で表している部分です。

ポイント
「ヒュルル　ヒュルル」のように音を表す言葉を、「擬音語」(擬声語)といいます。

(5)人物の心情を風景描写などで表している部分を、「情景」といいます。ここでは、「きらっと　草色に　光っ」ている海が、「コウくん」の気持ちを表しています。他の選択肢が場面の様子にあてはまらないことからも考えます。

40 最上級レベル ④

解答

1 (1)足手まとい
(2)れい川の　水を　のむ　こと。
(3)(○を　つける　もの)左
(4)(○を　つける　もの)左

指導の手引き

1 (1)文章の最後の段落を読みます。動けなくて、川の水も飲みたくないといっている「えり」は、みんなに迷惑をかけています。「足手まとい」は、何かのじゃまになることやもの、人のことを表す言葉です。

(2)直前の「りゅう太」の言葉から考えます。「りゅう太」は、「えり」に川の水を飲むように勧めています。しかし、「えり」は川の水は汚くていやだといっているのです。

(3)ジュースが飲みたいといった「えり」に「そんな　もん、ここに　ある　わけ　ないずら。」と、「こうじ」がいいます。そのあとに、「あたりまえです。わかって　います。」とあることに注目します。ここから、「えり」はジュースなど飲めるわけがないとわかっていることが読み取れます。さらに、最後の段落の「自分が　足手まといに……かってなことを　いって　しまいます。」に注目すると、足手まといになっていることがしゃくで、腹を立てているものの、怒りのやり場がなく、どうしようもなくなって自分勝手になっている「えり」の様子がわかります。

(4)山の中にいるのに、「ジュースが　のみたいの」と「えり」がいっていることから考えます。「目をぱちくりする」は、驚いて目を見開いたりまばたきしたりする様子を表す表現です。

41 標準レベル かざりことば(1)

解答

❶ ①楽しい　②白い　③あさい　④くるしい
⑤かたい　⑥おいしい
❷ ①なだらかな　②かんたんな
③じょうぶな　④細やかな
⑤にぎやかな　⑥きれいな
❸ ①かろ・かっ・い・けれ
②だろ・だっ・で・に・な・なら
❹ ①うつくしい　②大きな　③さびしい
④有名な　⑤あたたかく　⑥しずかに

指導の手引き

❶ 「かざりことば」とは、ほかの言葉の意味や内容をより詳しく説明する言葉(修飾語)です。ここでは、人やもの(体言)の性質や状態を説明する「かざりことば」を学習します。

❷ 「細やかな」は、情が厚く心がこもっている様子、「なだ

らかな」は、傾斜の度合いがゆるやかな様子を表します。

❸ 活用する言葉は、下に続く言葉によって語尾が変化します。①は形容詞の活用の仕方、②は形容動詞の活用の仕方です。下に続く言葉に合わせて、自然に変化させられるようにします。

❹ 人やものの性質や状態を表す言葉を見つけます。

上級レベル 42 かざりことば (1)

解答

❶ ①犬を ②夕日を ③字が ④ゆびわは ⑤本棚の

❷ ①きれいな ②明るい ③その ④わたしたちの ⑤きれいな

❸ ①まれだ ②親しい ③どれ ④大きな

❹ ①どんな ②そんな ③あんな ④こんな

指導の手引き

❶ どの言葉をより詳しく説明しているかを考えます。④・⑤のように、読点（、）の位置や、読点があるかないかで、どの言葉を修飾するかが変わることがあるので、注意します。

❷ どのような「ぼうし」か、どのような「気持ち」かなどと考えて、「どのような」にあたる言葉を見つけます。

❸ ①・②・④は、言い切りの形によって種類を分けます。形容詞の言い切りの形は「い」で、形容動詞は「だ」で終わります。③「この・その・あの」は、「この本」などのように、ものの名前の前に付けて使う連体詞です。「どれ」は、「どれが私の本ですか。」のように、主語になり、他のものを指し示す代名詞です。

❹ 「こそあど言葉」の問題です。①「ど…」は、はっきり特定できないものを指します。「どんな」「どの」など。②「そ…」は、聞き手側のものや、少し離れたものを指します。「そんな」「その」など。③「あ…」は、話し手と聞き手のいずれにも属さないものや、遠くのものを指します。「あんな」「あの」など。④「こ…」は、話し手側のものを指します。「こんな」「この」など。

注意 「こそあど言葉」（指示語）は、読解においても重要な働きをする言葉なので、しっかりと理解できるようにしておきます。

標準レベル 43 かざりことば (2)

解答

❶ ①とっさに ②にっこりと ③はげしく ④いっしょうけんめいに

❷ ①のそのそ ②わなわな ③つるつる ④すくすく ⑤じろじろ ⑥ごしごし ⑦くるくる ⑧ぐらぐら

❸ ①くっきりと ②さっぱりと ③うっとりと ④ひっそりと ⑤ぷっつりと ⑥じっくりと ⑦たっぷりと ⑧うろうろと ⑨じわじわと

指導の手引き

❶ 「かざりことば」のうち、「どうする」を飾る言葉を見つける問題です。

ポイント 様子を表す言葉が、どの言葉を直接修飾しているかを考えてみます。

❷ 様子・状態や身ぶりをいかにもそれらしく表した語を、擬態語といいます。それぞれ次のような様子や状態を表しています。①動作がにぶく、ゆっくりしている様子。②体が小刻みにふるえる様子。③なめらかで、よくすべる様子。④勢いよく成長する様子。⑤とがめたり調べたりするかのように、眺め回す様子。⑥物を強くこする様子。⑦物が軽く連続的に回る様子。⑧物が揺れ動く様子。また、事柄や気持ちが揺れて動揺する様子。

❸ 文が表す場面を思い浮かべて、適切な言葉を選べるように練習します。①物の姿や形が、非常にはっきりしている様子。②不快感などがなくなって、気持ちのよい様子。③美しいものなどに心が奪われ、自分を忘れる様子。④物音や人の声がせず、静かな様子。⑤続いていた物事が急にとだえる様子。⑥時間をかけ、落ち着いて物事を行う様子。⑦十分にある様子。⑧あてもなく歩く様子。⑨物事が少しずつ確実に進んでいく様子。

ポイント 副詞はたいへん重要な言葉で、読解問題においてもしばしば出題されます。いろいろな問題を解きながら、語彙を増やしていくようにします。

上級レベル 44 かざりことば (2)

解答

❶ ①話しました ②ふる ③考えました ④ふりながら ⑤来ないように

❷ ①上手に ②海へと ③いそいで ④りっぱに ⑤ふと

❸ ①どうか ②もし ③ぜんぜん ④あたかも ⑤よもや ⑥いったい ⑦きっと

❹ れい なぜ 人は ゆめを 見るのか。

指導の手引き

❶ 飾る言葉と飾られる言葉は、それら二つの言葉だけ抜き出して読んでも、意味が通ります。たとえば、「しとしととふる」としてもおかしくありませんが、「しとしとと日に」「しとしとと出かけました」では意味が通りません。「飾る・

飾られる」の関係を見つける手がかりにします。

2 動作を表す言葉を飾る言葉を見つける問題です。「どのように」するのかを考えます。

3 下に続く言葉によって、飾る言葉が決まるものもあります。たとえば、「ぜんぜん」は「ない」などの打ち消しの言葉とともに使います。

4 「なぜ」のあとは「…か」など、疑問を表す言い方がきます。

45 標準レベル いみを たすける ことば (1)

解答

1 ①弟が しかられる。 ②魚が つられる。 ③ボールが おとされる。 ④石が なげこまれる。 ⑤名前が 記される。

2 ①車を 走らせる。 ②母を おこらせる。 ③人を こさせる。 ④子どもを あそばせる。 ⑤花を さかせる。

3 (○を つける もの)①中 ②中 ③右 ④中

指導の手引き

1 「～を…する。」という文を、「～が…れる(られる)。」という文に書き換える問題。②「魚がつれる。」としないように注意します。

ポイント 「れる・られる」を用いた言い方は、ここでは「受け身」の意味です。

2 「～が…する。」という文を、「～を…せる(させる)。」という文に書き換える問題。

ポイント 「せる・させる」を用いた言い方を「使役(しえき)」といいます。

3 ①右と左の選択肢は伝聞を表す「そうだ」で、中の選択肢は「そうみえる」という意味を表す「そうだ」です。②右と左は、何らかの根拠をもとにして判断していることを表したもので、中は例示です。③右は形容詞の一部で、中と左は推定の意味です。④右と左は意志の意味で、中は推量の意味です。

注意 助動詞の意味を識別する問題ですが、低学年では、まずは感覚的に違いを理解するようにします。

46 上級レベル いみを たすける ことば (1)

解答

1 (○を つける もの)①・③(順不同)

2 (○を つける もの)①・②(順不同)

3 (○を つける もの)②

4 ①これは 母の 本です。
②ぼくは サッカーを します。
③車が きゅうに 止まりました。

5 ①姉は 夕食を 作る。
②川が 光って きれいだ。

6 弟は いつも 外に 行きたがる。

指導の手引き

1 ほかの言葉について意味を補う働きをする助動詞の「ない」は「ぬ」に置き換えられます。形容詞の「ない」は「ぬ」に置き換えられません。実際に「ぬ」に置き換えてみて確かめます。

2 「ている・てある」に置き換えられるものは、存続を表す「た」。③は過去を表す「た」、④は完了を表す「た」です。

3 ①と③は、否定の推量を表す「まい」で、②は否定の意志を表す「まい」です。

4 「です」は断定の丁寧な言い方で、「ます」は丁寧を表す言い方です。

5 「ます」「です」を用いても用いなくても、正しい文が作れるようにします。

6 助動詞によって、助動詞がつく言葉の語尾が変わります。たとえば、「たがる」をつけると「行きたがる」となりますが、「ない」をつけると「行かない」となります。自然に変えられるようにします。

47 標準レベル いみを たすける ことば (2)

解答

1 ①へ ②は ③を ④の

2 ①のに ②ので ③ので ④のに

3 ねころぶ・(テレビを) 見る(順不同)

4 ①でも ②も ③のに ④ばかり ⑤と ⑥かしら ⑦から ⑧なら ⑨まで

指導の手引き

1 「は」「を」「へ」の使い方に注意します。「は」は主語を示したり、「大きくはない」などと強調したりするときに使います。「を」は、「魚を食べる」などと動作の対象を表したり、「この町を通る道路」などと場所を示したり、「家を出る」などと動作の起点を表したりします。「へ」は、「母へ手紙を送る」などと対象を表したり、「北へ行く」などと方角を示したり、「東京へ着く」などと帰着点を表したりします。

ポイント 助詞を正しく使えることは、正しい文を読み書きするために必要なことです。紛らわしい言い方などに気をつけながら、助詞について鋭い感覚を持つようにします。

2 前の内容とあとの内容をよく読んで、順当なことがあとに続くのか、食い違うことがあとに続くのかを判断します。「のに」は、前の文の内容とあとの文の内容が食い違うときに使います。「ので」は、事柄が順当に進む場合や、前の文の内容を原因・理由とする内容があとに続くときに使います。

③ この「ながら」は、同時に二つの動作・作用が並立する関係にあることを表す助詞です。ほかにも「ながら」を使って、短い文を作ってみるとわかりやすくなります。

④ 自然な文の流れを作れるように、日頃から多くの文章に触れるようにします。

それぞれ次のようなものが入ります。①逆接の働きをする「ても」が濁ったもの。②並立の意味を表す。「父も私も行く。」など。③逆接の働きをする。④限定の意味を加える。⑤仮定を示す。⑥疑問の意味を表す。⑦起点を表す。⑧断定の助動詞「だ」の仮定形。⑨添加を表す。

上級レベル 48 いみを たすける ことば (2)

解答

1 (○を つける もの)①中 ②右 ③右 ④左

2 ①など ②たり ③で ④より ⑤に ⑥だけ

指導の手引き

1 一つの助詞が複数の意味を表すこともあるので、文をよく読んで意味を正確にとらえることが大切です。

①他を類推させる「でも」。「子どもでもわかる（大人は当然わかる）」ということ。②だいたいの程度を表す助詞。③直後であることを表す「ばかり」。④強調を示す「こそ」。

注意 低学年には、文法的な説明は難しいので、まずは、感覚的に言葉の意味の違いを感じ取るようにします。

2 選択肢を一つ一つあてはめて、意味が通るものを見つけます。助詞の働きをすべて覚えるのは難しいので、日頃から文章をたくさん読んで、自然な文の流れを理解するようにします。

それぞれ次のような働きをする言葉が入ります。①例示を表す。②並立の働きをする「たり」。付く語によって「だり」と濁る。③場所を表す。④比較の基準を示す。⑤目的を表す。⑥限定を表す。

49 最上級レベル 5

解答

1 ①月が ②読みました ③間 ④すませて ⑤お寺を

2 ①しおらしく ②とめどなく ③いちずに ④かたときも

3 (○を つける もの)①中 ②左 ③中 ④中

指導の手引き

1 飾る言葉が、どの言葉をより詳しく説明しているか考えます。また、飾る言葉と飾られる言葉は、それら二つの言葉だけ抜き出して読んでも意味が通るので、①「きれいな月が」、②「しずかに読みました」など、二つの言葉を抜き出して確認します。

ポイント 修飾語を正しく理解することは、大切なことです。簡単なものからより複雑なものへと学習を進めていくようにします。

2 それぞれの文がどのような場面、様子を表しているか考え、適切な言葉を選びます。①ひかえめで、おとなしい様子。②とどまるところや限りがない様子。③ただそればかりを思いこむ様子。④ほんの少しの間も。

3 ①右と左の選択肢は受け身の意味で、中は尊敬の意味です。②右と中は推定の意味で、左は形容詞の一部です。③右と左は伝聞の意味で、中は状況から判断して「そうみえる」という意味を表すものです。④右と左は過去の意味で、中は存続の意味です。

注意 助動詞はこれら以外にも数多くありますが、低学年の段階では用法の名前まで詳しく覚える必要はありません。まずは、微妙な意味の違いを、感覚的につかむようにします。

50 最上級レベル 6

解答

1 ①ピンクの ②めったに ③とても ④ゆっくりと ⑤ワンワンと ⑥となりの

2 (○を つける もの)③

3 (○を つける もの)①左 ②中 ③右 ④右

指導の手引き

1 詳しくしている言葉は、その言葉の前にあります。⑤は主語に当たる「犬が」と間違えないようにします。

2 それぞれの言葉の語尾に注目します。「いっせいに」は、主に述語になる言葉を修飾する副詞。他は、言い切りの形が「い」で終わる形容詞です。

3 文をよく読んで、意味を正確に読み取ります。①の「さえ」、②の「ばかり」、③の「しか」は限定、④の「など」は例示を示しています。

標準レベル 51 説明文 (1)

解答

1 (1)犬

(2)(数)7(つ)

(四番目)れい もんばんを する 犬。

(3)れい 目の ふじゆうな 人の 目の かわりに なって、みちあんないを する 犬。

(4)ながのけん　すわ市の　たかしま小学校。
(5)**れい** もうどう犬の　赤ちゃんを　そだてている。
(6)(○を　つける　もの)中

指導の手引き

1 (1)最初の二文で「にんげんと、いちばん　なかの　よい　どうぶつは？　それは　犬です。」と述べ、そのあと、犬について説明している文章です。
(2)傍線部の直後でいろいろな犬を挙げています。①「かりを　てつだって　くれる　犬」、②「そりを　ひく　犬」、③「まきばで　ひつじを　まもる　犬」、④「もんばんを　する　犬」、⑤「ガスもれを　さがして　くれる　犬」、⑥「そうなんした　人を　たすける　犬」、⑦「目の　ふじゆうな　人の　目の　かわりに　なって、みちあんないを　して　いる　犬」(＝もうどう犬)の七つが書かれており、四番目は「もんばんを　する　犬」です。
(3)直前の部分に注目します。「目の　ふじゆうな　人の　目の　かわりに　なって、みちあんないを　して　いる　犬」を指して「もうどう犬」といっています。
(4)文章の最後で、もうどう犬の赤ちゃんを育てている小学校として「たかしま小学校」のことが出てきます。
(5)いちばん最後の段落の言葉を使ってまとめます。
(6)「……は　ありませんか」や「そうです。」などの言葉を使って、読者の注意を引きつけています。

上級レベル 52 説明文(1)

解答

1 (1)(○を　つける　もの)左
(2)①ウ
②イ
(3)**れい** 六十センチメートルぐらい。
(4)**れい** 昼でも　夜でも　あまり　かわらない。
・子ガメが　生まれるのに　ちょうど　よい。(順不同)
(5)白い　ピンポン玉。

指導の手引き

1 (1)卵を産む場所が決まるところから、卵を産み始めるところまでの、アカウミガメの様子が説明されています。卵自体がどのようなものであるかについてが話題の中心ではありませんし、足を使う様子は書かれていても、足の様子については書かれていません。
(2)(　)の前後の内容をとらえます。①最初の段落でアカウミガメがあなをほり始めるという説明をしたあとで、詳しい内容に入っていきます。最初の説明であることから、**ウ**を選びます。②(　)の前後で詳しい説明が続いています。二つめのまとまりなので、**イ**を選びます。なお、**ア**は、(　)の前後に反対の内容がある場合に使います。また、内容的に、例を挙げた説明ではないので、**エ**も不適当です。

注意 「まず」「つぎに」という言葉を文章を書くときに使えるようにしておくと、整った文章を書くことができます。まとまりごとに文章を区切って書くように心がけます。

(3)第二段落と第三段落に着目します。前足で二十センチメートルぐらいほり、そのあと、後ろ足で四十センチメートルぐらいほる、とあります。さらにあとに、「合わせると、六十センチメートルぐらい」とあります。
(4)第三段落の後半、「その　ふかさの　すなの　おんどは、……」からあとに、あなの砂の温度について説明があります。あなの砂の温度が、子ガメが生まれるのにちょうどよくなるように、アカウミガメは六十センチメートルぐらいまであなをほるのです。「温度が変わらないこと」と「その温度が子ガメが生まれるのにちょうどよいこと」の二つをしっかり区別できるようにします。
(5)最後の段落に注目します。「～のような」という表現はたとえを表します。

ポイント 「～のような」など、たとえとわかる言葉を用いた比喩表現を、「直喩」といいます。逆に、たとえとわかる言葉を用いない比喩表現は、「隠喩」といいます。

標準レベル 53 説明文(2)

解答

1 (1)(○を　つける　もの)三つめ
(2)**れい** 木から　おちた　どんぐりを　ひろうため。
(3)すあな・近くの地面
(4)**れい** 木の　ねもとの　地面。・木から　はなれた　土の　中。(順不同)
(5)土の中にためておいたどんぐり

指導の手引き

1 (1)文章の最初は「夏」について書いてありますが、第二段落に、「秋に　なると、みずならの　木には、たくさんの　どんぐりが　なります。」とあります。この内容をとらえます。
(2)第三段落に「すると、おちた　どんぐりを　ひろいに、どうぶつたちが　やって　きます。」とあります。「ひろいに」が「ひろうために」という意味であることを理解するようにします。
(3)「りす」や「ねずみ」という言葉に着目します。「りす」や「ねずみ」について書いている第四段落の内容をとらえます。
(4)「冬」についての説明は、最後から三つ目の段落から始まっています。この内容をとらえます。「りす」や「ねずみ」が自分たちの冬の食糧を確保する行為が、「どんぐり」のためにもなっているのです。

(5)いちばん最後の段落に着目します。「りす」や「ねずみ」は、冬をすごすために、どんぐりをたくわえるのです。

上級レベル 54 説明文(2)

解答

1 (1)町や　工場。
(2)れい 早く、力強く、たくさんの　しごとを　する。
(3)ねじ・はぐるま・ばね(「ねじ」と「ばね」は順不同)
(4)れい 小さな　べつべつの　道具を　うまく　組み合わせて　つくられた。
(5)(○を　つける　もの)中

指導の手引き

1 (1)傍線部のある一文をとらえます。
(2)直後に、「その　大きな　強い　道具は」とあり、このあとに説明が書かれています。この内容をとらえます。
(3)「もっと　ちがった　道具」は、第二段落の、組み立てていくと役に立つ立派な道具になるものを指しています。この例として、「ねじ」や「はぐるま」、「ばね」が挙げられています。「自どう車」は、組み立てられてできた道具なので、この仲間には入りません。
(4)直後の部分を読んでいきます。「小さな　べつべつの　道具だった」のあとに、さらに詳しく「べつべつの　道具を　うまく　組み合わせると、とても　すばらしい、べんりな　はたらきを　する　道具に　なる」と説明しています。この内容をまとめます。
(5)この文章では、大きな道具や小さな道具、さらに、組み合わされてできた道具について説明しています。共通しているのは、どの道具も「べんり」だということです。正解の選択肢は、最後の段落の内容に合致しています。

標準レベル 55 説明文(3)

解答

1 (1)ほたる　(2)カワニナ・だっぴ
(3)四月のおわりごろ・雨のふる夜
(4)土まゆ
(5)やわらかい土
(6)れい やく二週間後、成虫に　なる。

指導の手引き

1 (1)幼虫→土まゆ→さなぎ→成虫、という順番で説明が進んでいきます。全体としてとらえると、「ほたるの　成長」について述べている文章です。
(2)「水の　中」という言葉に注目して、文章を読みます。「水の　中」での幼虫の様子について書いているのは第一段落です。
(3)「水の　中から　出て」という表現のある第二段落を読みます。この段落の最初に、「つぎの　年の　四月の　おわりごろ」、「雨の　ふる　夜に」川ぎしに上がる、と書いてあります。
(4)「川ぎしに　上がった　幼虫は」と始まる第三段落を読みます。幼虫は、土をかためて「土まゆ」を作るのです。
(5)幼虫は、「やわらかい　土」の中にもぐりこみ、その土をかためて「土まゆ」を作ります。
(6)最後の段落に、成虫になることが書いてあります。

上級レベル 56 説明文(3)

解答

1 (1)友だち
(2)れい いくつかの　メロディーが　いっしょに　なって　音どうしが　ぶつかる　とき。
(3)ケンカ(けんか)
(4)れい いろいろな　音が　聞こえて　くる　こと。
(5)れい 9世紀ぐらい。(いまから　やく一一〇〇年まえ。)

指導の手引き

1 (1)第一段落で、「いくつもの　メロディーや　リズムが　いっしょに　なる」ことを「君たちに　なかよしの　友だちが　いるように」と表現しています。このことを、第二段落では、友だちと遊ぶことにたとえて説明しています。
(2)直前の部分をとらえます。いくつかのメロディーがいっしょになると、音どうしがぶつかって、変な響きになってしまうことがあるのです。
(3)「ぶつかる」ことを、友だちとの関係ではどう表しているかをとらえます。友だちとぶつかるということを「ケンカ」と表しています。
(4)傍線部を含む一文をとらえます。「……でも、いろいろな　音が　聞こえて　くるって、とても　すてきです。」となっています。いろいろな音が聞こえてくることを「とても　すてき」だと述べているのです。
(5)「いつ」と聞かれているので、時間や時期を表す言葉を探します。最後の段落に書かれています。

標準レベル 57 説明文(4)

解答

1 (1)(○を　つける　もの)左
(2)れい ナワバリを　もたないと、おたがいの　エサを　うばいあって　エサが　たりなく　なるから。
(3)ツグミ
(4)れい からだの　大きい　鳥。
(5)れい ほかの　鳥に　ゆずる。

指導の手引き

❶ (1)第二段落では、ナワバリをつくってエサを分け合う例、第三・第四段落では、じゅんばんに柿(エサ)を食べて分け合う例が書かれています。

(2)理由が書かれた「から」などの言葉に注目します。第二段落の最後に「ナワバリを　もたないと、おたがいの　エサを　うばいあって、エサが　たりなく　なって　しまうからです。」とあります。ここが理由にあたります。

注意 理由を問われているときは、「から」「ため」などの言葉をまず探してみます。

(3)柿を食べることについては、第三段落に書かれています。「ツグミは　これらの　鳥の　中では　いちばん　弱い鳥なので、いつも　さいごです。」とあります。

(4)「いばって　いる」という言葉に着目します。最後の段落に「からだの　大きい　ものが　いばって　います」とあります。ここから考えます。

(5)文章の最後に、「おなかが　いっぱいに　なると、すぐとびさって、ほかの　鳥に　ゆずります。」とあります。

上級レベル 58 説明文(4)

解答

1 (1)れい ごはんや　おやつを　おいしく　たべる　ため。・本や　がっきを　気もちよく　つかう　ため。

(2)れい たいようの　下で　元気よく　あそぶこと。

(3)ウ

(4)(○を　つける　もの)中

指導の手引き

1 (1)「おいしいと　おもいますか?」「気もちよく　つかう　ことが　できますか?」という二つの文に注目します。この二つの文は、質問しているのではなく、「そうではないでしょう」ということを強調しています。この二つの文の前で書かれていることのために、「手あらいを　する」といっているのです。

ポイント このように、疑問の形をとりながら、反対の内容を強調する方法を、「反語」といいます。

(2)直前の部分をとらえましょう。「たいようの　下で　元気よく　あそぶ」とあります。このことを指して、「よいこと」だといっています。答えを書くときは、「それ」と入れ替えて文が通るように、「……あそぶこと」という形にしなければなりません。

ポイント 指示語が指している内容を探すときは、まずそれより前の部分から見ていきます。

(3)(　)の前後の部分の内容をとらえます。前の部分では、「たいようの　下で　元気よく　あそぶ」ことについて、「よい　こと」だと書いていますが、あとの部分では、そのことについて、「手を　あらわずに　ごはんや　おやつを　たべたら　どうでしょう」と、よくないことの話題に移っています。反対の内容をつないでいるので、ウがあてはまります。

(4)選択肢は筆者の主張の形になっています。筆者の主張は文章の最後で「じぶんや　まわりの　人を　気もちよく　する　ためにも、手あらいは　たいせつ」だと書かれています。

標準レベル 59 主語と述語(1)

解答

❶ ①風が ②本が ③兄は ④絵は ⑤あそぶのは ⑥夕日は

❷ ①行く ②家です ③先生です ④あそびます ⑤本です ⑥行ったよ

❸ ①月が・かかる ②母は・帰る ③父は・四十さいです ④道は・せまい ⑤こうぶつは・カレーライスです ⑥プールは・ふかくて　大きい

❹ ①イ ②ウ ③イ ④ア

指導の手引き

❶ 文の述語(「どうする」「どんなだ」「ある」など)を先に見つけると、主語がわかりやすくなります。たとえば、④の述語は「すてきです」なので、すてきなのは何なのかと考えると、主語が見つかりやすくなります。⑥述語のあとに主語が置かれています。このように語順が変わることを、倒置といいます。

❷ 文の「どうする」「どんなだ」「何だ」「ある(いる・ない)」にあたる語を、述語といいます。主語と述語の間に修飾語が置かれて、主語のすぐ後ろに述語が来ない場合もあるので注意します。⑥述語のあとに主語が置かれて、倒置の文になっています。

❸ 主語・述語を見つけるときは、まず述語に着目すると、見つけやすくなります。⑥「ふかくて　大きい」は、述語の「どんなだ」にあたる「ふかい」・「大きい」という二つの語が、対等な関係で並んでいます。

❹ ①主語が省略され、「帰ろう」という述語しかありません。②「めしあがれ」などの述語が省略されており、主語もありません。③「行って　いません」にあたるのはだれなのか書かれておらず、主語が省略されています。④「空は」が主語で、「晴れるだろう」が述語です。

上級レベル 60
主語と 述語 (1)

解答

1 ①イ ②ウ ③イ ④イ ⑤ウ ⑥ア

2 ①ウ ②ウ

3 ①朝日が・のぼる・イ
②子どもは・五ひきでした・ア
③へいは・高いです・ウ
④音が・ひびきます・イ
⑤しかられた・イ
⑥日曜日は・運動会です・ア
⑦思った・イ
⑧姉が・引っぱりました・イ
⑨ハンバーグは・おいしい・ウ
⑩父は・先生です・ア

指導の手引き

1 「何が―何だ」とは、「彼は学生だ」などのような文のこと。「何が―どうする」とは、「彼は勉強する」などのような文のこと。「何が―どんなだ」とは、「彼はまじめだ」などのような文のことです。まず、問題文の主語・述語を見つけ、それらがどのような種類の文になっているかを考えます。①「雨が―ふる」、②「母さんは―いそがしい」、③「父さんが―出かける」が主語・述語です。④主語が省略されていますが、「(だれかが)―もらった」という文なので、イの種類です。⑤「行動は―りっぱだ」、⑥「ここが―通りだ」が主語・述語です。

2 ①ア「坂道はきゅうだ」とイ「弟はりこうだ」は、「何が―どんなだ」の文で、ウ「足りないのはノートだ」は「何が―何だ」の文です。②アとイは、主語が省略されていますが、「何が―どうする」の文です。ウは「何が―どんなだ」の文です。

3 まず述語に着目すると、主語が見つけやすくなります。②「五ひきでした」は「五ひき」という名詞に助動詞がついたものなので、「何だ」にあたります。⑤主語が省略されています。「～(ら)れる」という受け身を表す述語も「どうする」にあたります。⑦主語が省略されています。

標準レベル 61
主語と 述語 (2)

解答

1 (主語・述語の じゅんに)
①×・行って いません
②牛が・食べて います
③絵は・たからものです
④六年生が・して くれました
⑤ゆめは・かないません

2 ①ながれて いるのは 川です。
②いっせいに はくしゅしたのは みんなです。
③大切な ことは べんきょうする ことです。
④この ことが 言いたかったのです。

3 ①ウ ②イ

指導の手引き

1 「何が」にあたるものを「主語」、「どうする」「どんなだ」「何だ」にあたるものを「述語」といいます。①の文のように主語のない文が日本語には多いので、注意します。また、述語はふつう、文の終わりにあるので、述語を先に見つけてから意味をたどって主語をさがすと、見つけやすくなります。

2 主語は「…が」の形だけでなく、「…は」「…も」などの形もあります。それぞれの文の述語を見つけて、それを主語に書きかえていくようにします。書きかえるときに、文が不自然にならないように注意します。

3 文の型には三種類あります。その型は述語の意味によって決まり、「どうする」「どんなだ」「何だ」に分かれます。

上級レベル 62
主語と 述語 (2)

解答

1 ①雨が かなり はげしく ふり出した
②姉は ノートを 買うのを まよって いました
③春が きて 花が たくさん ひらきました
④わたしは 漢字を 書く れんしゅうを つづけました

2 大あわての ようすで、じゅんびを

3 ①風景だろう・ア
②人だ・ア
③りっぱだった・ウ
④あそんで いる・イ
⑤おもしろい・ウ

4 ①(と)⑤・②(と)③・④(と)⑥(順不同)

指導の手引き

1 それぞれの文の主語と述語になる言葉をまず見つけます。そのあとに、飾り言葉をどのようにあてはめていくかを考えます。

2 「どんな→何」「何を→どうする」などの関係で、下の言葉を詳しく説明する言葉を飾り言葉(修飾語)といいます。この問題ではまず、主語と述語を見つけなければなりません。主語は「みんなが」で、述語は「いそぎました」です。「大あわての ようすで」や「じゅんびを」は、「いそぎました」を説明している飾り言葉です。

3 述語は、主語の動きや様子などを表す言葉です。それぞれの述語の意味をよく考えて、選択肢ア～ウにあてはめるようにします。

4 「しゅるい」というのは、文の型のことです。①と⑤は「何が―どんなだ」、②と③は「何が―どうする」、④と⑥は「何が―何だ」という型の文になります。

63 最上級レベル 7

解答

1 (1)固体・えき体・気体
(2)しんの　ねもとの　ところの　ろう・ながれる
(3)(主語)しんは
(述語)もえません
(4)(〇を　つける　もの)中

指導の手引き

1 (1)ろうそくのろうが固まったままの状態を「固体」といい、それがとけて流れるようになると「えき体」といい、熱い熱のために、さらに「気体」に変わると述べています。
(2)傍線部直後とすぐあとの文に注目して、（　）に合うように答えを書きます。
(3)主語と述語を見分ける問題です。「何が(は)—どうする」という型の文になっています。
(4)直前に「気体に　なった　ろうの　ほうが　ずっと　もえやすいので」とあります。しんよりも、気体になったろうのほうが燃えやすいので、しんは残って、ろうだけが燃えることになります。

ポイント　ろうそくが燃えることについて科学的に説明した文章です。理論的に考えることができるように、冷静に読み解きます。

64 最上級レベル 8

解答

1 (1)**れい**（いつ）雨あがりや、しっ気の　多い　夜。
（場所）木や　はの　上。
(2)**れい**なにも　食べないで　いる。
(3)**れい**やわらかい　わかばや　木のめ。
(4)(〇を　つける　もの)左

指導の手引き

1 (1)第一段落に注目します。「雨あがりや、しっ気の　多い　夜に……カタツムリに　であえます。」とあります。
(2)「冬の　あいだ、なにも　食べないで　いた　カタツムリ」とあります。カタツムリは冬眠中、何も食べないですごすため、目覚めたときには「はらぺこ」なのです。
(3)「カタツムリの　えさは、やわらかい　わかばや　木のめです。」とあります。
(4)選択肢の右は「はれた　日に……出て　くる」というところが間違い。中は「しょっかくから　したを　出して」というところが間違いです。左のように、「しょっかくでえさを　かぎつけて、したを　出して　食べる」が正解です。第四・第五段落の文章に注目します。

標準レベル 65 漢字の 組み立て・ひつじゅん・画数(1)

解答

❶ ①氵　②糸　③言　④艹
⑤日　⑥辶　⑦口
❷ ①3　②4　③4　④6　⑤7
❸ ①3　②4　③6　④7
⑤7　⑥12　⑦8　⑧11
⑨12　⑩13
❹ (右から　じゅんに)①54321
②32451
③14253
④13245

指導の手引き

❶ 漢字の多くは、いくつかの部分が組み合わさってできています。その部分には、いくつもの漢字に共通しているものがあります。その共通している部分を見つける問題です。三年生で習う、いわゆる部首の問題でもあります。二年生では、個々の部首名までは習いませんが、共通している部分が漢字のどの位置にあるかは知っておく必要があります。なお、それぞれの漢字の部首名は次のとおり。①さんずい、②いとへん、③ごんべん、④くさかんむり、⑤ひ、⑥しんにょう、⑦くにがまえ。

❷ それぞれの漢字の筆順を次に示しますので、それをもとに答えを確かめてください。
①ノ 二 三 毛
②丨 丨丨 ⺌ 当 当 当
③一 十 土 耂 耂 考
④丨 𠃌 冂 冂 門 門 門 門
⑤ノ 𠂊 白 白 鳥 鳥 鳥

❸ それぞれの漢字の筆順を次に示します。参考にしてください。
①一 丅 工
②一 ナ 大 太
③ノ 人 亼 今 合 合
④一 十 士 圭 声 壳 売
⑤丨 冂 日 日 甲 甲 里
⑥丶 冖 罒 罒 罒 罒 買 買
⑦丨 𠃊 F 巨 巨 镸 長 長
⑧丿 冂 月 円 用 周 調 週
⑨一 冖 冖 雨 雨 雨 雲 雲
⑩丷 ⺌ 米 米 娄 娄 数 数

❹ それぞれの総画数は次のとおり。
①汽＝7画、西＝6画、矢＝5画、父＝4画、刀＝2画。
②風＝9画、夜＝8画、黄＝11画、算＝14画、声＝7画。
③元＝4画、後＝9画、考＝6画、黒＝11画、作＝7画。

④広＝5画、姉＝8画、寺＝6画、時＝10画、週＝11画。

ポイント
漢字を正しい筆順で書けるようになると、おのずと画数もわかるようになります。日頃から正しい筆順で書くように心がけます。

上級レベル 66 漢字の組み立て・ひつじゅん・画数 (1)

解答

1 ①体・休 ②遠・道 ③雲・雪 ④春・星
2 ①ア ②イ ③ア ④イ ⑤イ
3 ①ウ ②イ ③ア ④ウ ⑤ア
4 間・男・岩・校・答・紙(順不同)

指導の手引き

1 二つの漢字に共通している部分に気づいて、正しい漢字を書く問題です。①は「体・休」で「亻」が共通している部分です。いわゆる部首が「にんべん」の漢字です。同様に②は「しんにょう」、③は「あめかんむり」、④は「日」が部首の漢字です。

2 正しい筆順は、漢字を正確に書くためにどうしても必要です。また、美しい字形で書くためにも、覚えなければなりません。特に筆順を誤りやすいものは注意して覚えるようにします。

3 漢字の画数を答える問題です。①4画のグループですが、ウだけ3画です。②6画のグループですが、イだけ5画です。③8画のグループですが、アだけ9画です。④10画のグループですが、ウだけ12画です。⑤14画のグループですが、アだけ12画になっています。

4 漢字の部分を組み合わせて、一つの漢字を作る問題です。「へん」「つくり」「かんむり」などの部首が少しでもわかると、解きやすくなります。

ポイント
部首は、その位置によって次の七種類に分けられます。
① へん…漢字の左側の部分
② つくり…漢字の右側の部分
③ かんむり…漢字の上の部分
④ かまえ…漢字を囲む部分
⑤ たれ…漢字の上と左の部分
⑥ にょう…漢字の左と下の部分
⑦ あし…漢字の下の部分

標準レベル 67 漢字の組み立て・ひつじゅん・画数 (2)

解答

1 ①1 ②3 ③3 ④3 ⑤5
2 ①15 ②16 ③17 ④17
3 ①ア ②イ
4 ①ア ②イ ③イ ④ア ⑤ア ⑥イ
5 れい ①絵・細・紙(線・組) ②記・計・語(読・話) ③近・週(道) ④家・室 ⑤汽・池 ⑥何・作・体 ⑦広・店

指導の手引き

1 それぞれの漢字の筆順は次のとおり。
① ノ 九 丸
② 丨 ト ⺊ 止
③ 丶 亠 亐 方
④ 丶 心 心 心
⑤ ノ 亻 亻 作 作 作

2 画数を数えるときには、正しい筆順で数えます。それぞれの式は次のとおり。
①5＋6＋4＝15
②8＋4＋4＝16
③5＋5＋7＝17
④6＋7＋4＝17

4 漢字の組み立ての問題。解答編66の「ポイント」を参考にしてください。ここでは、漢字の左(へん)と右(つくり)、漢字の上(かんむり)と下(あし)を理解することをねらいとしています。それぞれ、「秋・姉」、「頭」、「雪・茶」、「思」が相当します。

5 それぞれ、①「いとへん」、②「ごんべん」、③「しんにょう」、④「うかんむり」、⑤「さんずい」、⑥「にんべん」、⑦「まだれ」の部首をもつ漢字を、二年生までに習った漢字で書きます。

上級レベル 68 漢字の組み立て・ひつじゅん・画数 (2)

解答

1 ①ウ ②ア ③エ ④ウ ⑤イ
2 ①自 ②組 ③谷 ④回 ⑤首 ⑥寺 ⑦引 ⑧昼
3 晴―星・教―数・園―回・頭―顔・何―作(順不同)
4 ①船 ②魚 ③妹 ④算

指導の手引き

1 ①は8画のグループですが、ウのみ7画になっています。②は9画のグループですが、アのみ8画になっています。③は12画のグループですが、エのみ13画になっています。④は14画のグループですが、ウのみ18画になっています。⑤は11画のグループですが、イのみ14画になっています。

❷ それぞれの漢字の筆順を示しますので、答えを確かめてください。

① ′ 丨 冂 白 自 自
② く 幺 幺 糸 糸 糿 組 組
③ ′ 八 仌 父 谷 谷 谷
④ 丨 冂 冂 冋 回
⑤ 丶 丷 䒑 䒑 产 首 首 首
⑥ 一 十 土 圭 寺 寺
⑦ ㇷ コ 弓 引
⑧ ㇷ コ 尸 尺 尺 昼 昼 昼 昼

❸ 二つの漢字に共通する部分（部首）を見つける問題です。それぞれ、「ひ」「のぶん」「くにがまえ」「おおがい」「にんべん」の部首をもつ漢字です。

❹ 漢字の部分を組み合わせて一つの漢字を作る問題。漢字の右側や下側に、選択肢の漢字の部分をあてはめていって、正しい漢字ができているかどうかを確かめます。

標準レベル 69 こそあどことば（1）

解答

❶ ①あれ ②その ③どの ④ここ ⑤あそこ ⑥そちら ⑦どちら ⑧こう ⑨どう

❷ ①ペン ②本 ③北の 方 ④青い 花

❸ ①むこうにある絵 ②大声で話すこと ③学校のうらにある公園 ④手を大きくふっている人 ⑤明日は雨である

指導の手引き

❶「これ」「それ」「あの」「どの」など、何かを指し示す言葉を「こそあどことば」と呼びます。ここでは、どのような言葉があるかを表の形で示して、空欄にあてはまる言葉を入れる問題にしています。表の横の列が上から順に「こ」「そ」「あ」「ど」と並んでいることから考えます。

❷「こそあどことば」（指示語）は、同じ言葉や内容の繰り返しを避けるために使われます。ですから、「こそあどことば」が指す内容は、それより前にあることが多いということを理解しておきます。①～④も、すべて前の言葉を指しています。

❸「こそあどことば」（指示語）より前の部分からあてはまる内容を探して、指定の字数に合うようにまとめる練習をします。まず、指していると思われる言葉を探し、「こそあどことば」の部分にあてはめてみて、意味が通るかどうかを確認します。さらに、その言葉がどのような飾り言葉とつながっているかを考えます。ただし、②や⑤のように、「こそあどことば」がはっきりとした一語を指していないこともあるので、注意する必要があります。また、⑤のように「こそあどことば」が先に出て、その内容があとから書かれることもあることにも注意します。

注意 「こそあどことば」（指示語）は、読解問題においてもよく出題されるので、しっかりと練習しておくことが重要です。

上級レベル 70 こそあどことば（1）

解答

❶ ①どれ ②どこ ③どちら ④どう

❷ ①とても かわいい ふく ②すてきな 国 ③くだもの ④小さな ぼうし

❸ れい ①まったくねむれないこと。 ②車にはねられそうになること。

指導の手引き

❶「こそあどことば」のうち、はっきりと特定できないものを指す場合は、「どれ」「どの」「どちら」など、「ど」のつく言葉を使います。①はもの、②は場所、③は複数あるもののうちの一つ、④は様子・方法を尋ねるときに使っています。

❷「こそあどことば」（指示語）が直接指し示している言葉を探します。こうした力は、文を読み取るときに必要となるほか、読解問題でもよく出題されるので、しっかりと練習しておきます。

注意 たとえば、①では「ふく」だけでなく、ふくを修飾している「とても かわいい」も含めて答えるようにします。

❸ いずれも直前にある文全体の内容を指しています。文の内容を簡潔にまとめるようにします。

ポイント 「こそあどことば」（指示語）について考えると同時に、一定の内容を短くまとめる練習が大切です。要約する力は、国語の問題を解いていくうえで、重要なものです。

標準レベル 71 こそあどことば（2）

解答

❶ ①ウ ②オ ③ア ④イ ⑤エ

❷ ①イ ②オ

❸ ①わたしたちの 学校に つづく 道 ②おばけやしきに 入った こと

③<u>毎週</u>　<u>おどりを</u>　<u>習いに</u>　<u>行く</u>　<u>こと</u>
④<u>水泳</u>・<u>はやく</u>　<u>走る</u>　<u>こと</u>
⑤<u>ゆっくり</u>　<u>話せる</u>　<u>場所</u>

指導の手引き

❶ それぞれの「こそあどことば」（指示語）を用いた文を想像してみて、どのような場合に用いられるかを考えながら解いていきます。

❷ ①は「本」という「もの」を指す言葉を選びます。②は「この　へやの　中」という「場所」を指す言葉を選びます。

❸ 「こそあどことば」（指示語）より前にあるものから探して、あてはめてみて意味が通るかどうかを確かめます。それぞれ、直接的には次のようなものを指しています。①は「道」、②は「入った　こと」、③は「行く　こと」、④は「水泳」と「走る　こと」、⑤は「場所」です。そして次に、それぞれの言葉を飾っている言葉（修飾語）をすべて見つけて、＝＝線を引くようにします。

上級レベル 72　こそあどことば（2）

解答

1 ①これ　②この　③こちら　④ここ
2 ①それ　②そこ　③そっち
3 れい ①父の新しいネクタイ
②テーブルの上にならんでいたたくさんのおさら
③母が小さいころすんでいた、アメリカのある町

指導の手引き

1 いちばん近いものを指し示すのは「こ」から始まる言葉です。それぞれの「こそあどことば」（指示語）がどのように使われるのか、自分で文を考えてみて、理解するようにします。

2 「そ」から始まる指示語は、話し手から見て、聞き手に近いものなどを指すときに使います。①「それ」は、今、話題にしたばかりのことを指すこともあります。ここでは、「小さな子がベンチにすわっていたこと」を指します。②「そこ」は、「今度できたプール」、③「そっち」は「海の方」を指します。文の意味をよく読み取って、「こそあどことば」（指示語）が何を指しているかをよく考えます。

3 ①直接には「ネクタイ」を指しています。その「ネクタイ」とは、父が今日しめていた「新しい」ものです。②「それら」は、二つ以上のものを指し示す言葉です。直接には「おさら」を指しています。それらは、「テーブルの上にたくさんならんでいた」ものです。③直接には「町」を指していますが、その町とは、「母が小さいころすんでいた町」であり、「アメリカのある町」です。

73　最上級レベル 9

解答

❶ れい ①時・晴（星）　②海・活（汽・池）
③科・秋　④姉・妹　⑤雲・雪
⑥絵・細（線・組）　⑦算・答
⑧何・作（体・休）

❷ ①15　②10　③11　④14
❸ ①6　②2　③7　④6　⑤6
❹ れい ①人に　やさしく　する　こと。
②わたしが　毎日　楽しく　くらして　いる　こと。
③自転車に　のると　楽しい　きもちに　なる　こと。
④はじめて　行った　場所なのに、来た　ことが　あるような　気が　した　こと。

指導の手引き

❶ それぞれ同じ部分（部首）をもつ漢字を書く問題です。解答は例として示しています。二年生までに習う漢字を正しく書くようにします。

❷ ①「糸」が6画、「水」が四画、②「辶」が3画、③「弓」が3画であることなどに注意します。

❸ それぞれの漢字の筆順を次に示します。これを参考にして、答えを確かめてください。

①一　厂　冂　曰　申　東　東
②乛　コ　弓
③ノ　厂　斤　斤　沂　近
④丨　冂　冂　冈　図　図
⑤丶　宀　宀　宀　宁　宇　家　家　家　家

❹ 指示語が直接指している言葉や内容を核としながら、詳しい内容をまとめて表現するための練習をします。①は、直接には「する　こと」を指しています。それを、「こと」という言葉に前の一文を指しています。それを、「こと」という言葉につながるようにまとめます。③も、直接には前の一文を指しています。それを、「こと」という言葉につながるようにまとめます。④は、「こそあどことば」（指示語）が先に出て、その内容はあとの部分に書かれているので、注意します。「あれ」は、直接にはあとの一文を指しています。それを、「こと」という言葉につながるようにまとめます。

74　最上級レベル 10

解答

❶ ①あの・あそこ（順不同）
②それ・そこ・そちら（順不同）

❷ ①話　②晴　③岩
④園　⑤強　⑥馬
⑦鳥　⑧門

❸ れい ①だれかがげんかんに来たように思えたこと。
②リビングにある白いソファーの上。

③わたしがわがままを言ったために友だちと気まずくなったこと。

指導の手引き

1 「こそあどことば」（指示語）の問題。①「あ」で始まる指示語、②「そ」で始まる指示語を思い浮かべます。

2 参考のために、それぞれの筆順を次に示します。

① 亠 亠 言 言 言 訁 訐 話 話 話
② 丨 冂 日 日 旪 旪 晴 晴 晴 晴
③ 丨 山 山 山 岸 岸 岩 岩
④ 冂 冂 冏 冏 冏 園 園 園 園 園
⑤ ㇆ コ 弓 弘 弘 弘 弘 強 強 強 強
⑥ 丨 厂 爫 爫 爫 馬 馬 馬 馬 馬
⑦ ノ 亻 户 户 白 鳥 鳥 鳥 鳥 鳥
⑧ 丨 冂 冂 冂 冂 門 門 門

3 ①指しているのは、だれかが玄関に来たように思えたことです。②指しているのは、白いソファーの上の部分です。③指しているのは、「わたし」がわがままを言ったために、友だちと気まずくなったことです。これらの内容を読み取って、簡潔にまとめます。

標準レベル 75 物語(5)

解答

1 (1)たんじょう日
(2)れい めだたない かみぶくろ
(3)小さなこえで
(4)れい 小早川くんが ベストに ついて、なにか いって くれる こと。
(5)れい 小早川くんが もっと よろこぶ ものを かんがえて あげれば よかったと 思った。

指導の手引き

1 (1)一行目から十一行目までの内容をとらえます。「ベスト」ができあがったのは「たんじょう日の まえの 日」ですが、おくりものをあげたのはその「つぎの 日」なので、たんじょう日です。
(2)「レイミ」がベストを渡している場面に着目します。「レイミ」は「てれくさい」ので、「めだたない かみぶくろ」に入れて渡しています。
(3)「レイミ」は「これ たんじょう日。」といってベストを渡しています。そのときの様子は「小さな こえで」と書かれています。
(4)「レイミ」がベストをあげたあとの部分を読み取ります。「きたい」という言葉に着目すると、「小早川くんが ベストの こと なにか いって くれるかなと きたいして いた」とあります。
(5)傍線部の直後、最後の段落を読み取ります。「レイミ」は、「小早川くん」が何もいってくれないので、「小早川くんの よろこぶ ものを かんがえて あげれば よかった」と後悔しはじめています。

上級レベル 76 物語(5)

解答

1 (1)れい ぼくと ケイ子が 母さんに 子ネコを かう ことを たのんで いる 場面。
(2)けんめいに
(3)(〇を つける もの)中
(4)かんたんなことじゃない

指導の手引き

1 (1)文章全体の内容をとらえます。ここでは「ぼく」も「ケイ子」も子ネコを飼うことを望んでいて、「母さん」に「いのるような 目」をしながら頼んでいます。
(2)「一ぴきで いいから。ね、おねがい」という「ケイ子」の言葉に着目します。この直後に「けんめいに たのんだ」とあります。「けんめいに」という言葉は、何かを必死になしとげようとする様子を表す言葉です。「ケイ子」が必死になって子ネコを飼いたいと頼んでいる様子を表しています。
(3)直後の段落から読み取ります。「母さん」は、「ほんとうは どうぶつが すき」なのですが、「からだが あまり じょうぶでは ないので、どうぶつの 世話を するのは むりだと、いつも いって」いるのです。
(4)「母さん」は、子ネコを飼うことに反対しています。それが「かわらなかった」ということなので、子ネコを飼うことに反対する返事です。直後の「母さん」の会話に、「小さな いのちを まもって やるのは、……かんたんな ことじゃ ない」とあります。

標準レベル 77 物語(6)

解答

1 (1)ゆでたまご
(2)(〇を つける もの)右
(3)本気
(4)(〇を つける もの)左

指導の手引き

1 (1)最初の一文に着目します。「ゆでたまごの 作りかたを 教わった」とあります。
(2)「とうさん」は、自分で何度もやり直して「こつ」をつかんだあと、「のりこ」に作り方を教えています。そのおかげで、「のりこには こつが 少し 早く」見えたとあります。このことから、「とうさん」は「のりこ」によい方法を教えてあげようとしていたことが読み取れます。
(3)直前の「本気で そう いって くれるから」に着目します。「そう」は、そのさらに前の「―のりこの ほうが おぼえが 早い。」などの、ほめ言葉を指しています。「とうさん」が「のりこ」を本気でほめてくれるので、「のりこ」

はうれしくなるのです。

(4)「とうさん」の言葉や行動から、「とうさん」がどんな人であるかを読み取ります。「のりこ」にちゃんと教えてくれたこと、そのために自分は何度もやり直していること、さらに、「のりこ」を本気でほめていることなどから、子どもに対して深い愛情をもっている人物であることがわかります。

上級レベル 78 物語(6)

解答

1 (1)〇を つける もの)三つめ

(2)れい さくら子が 花びんを こわしたと 思いこんで いる こと。

(3)〇を つける もの)左

(4)〇を つける もの)右

指導の手引き

1 (1)直後の「ママ」の会話から考えます。「ママ」は、「さくら子」が花瓶をこわしたと思いこんではいますが、それを厳しく怒ることなく、優しく諭しています。

(2)まず、「ママ」が「さくら子」が花瓶をこわしたと思っていることをおさえます。次に、傍線部の直後の、「さくら子」の思いを読み取ります。「わたしの 言う ことを ちゃんと 聞かないで、かってな ことばっかり 言ってる」とあるので、自分が花瓶をこわしたと、「ママ」に決めつけられていると思っていることがわかります。

(3)最後の段落に着目すると、「くやしかった。」「うまく 言えなくて ないて しまう 自分にも くやしかった」とあります。ここから、「さくら子」がとてもくやしい気持ちをもっていて、その気持ちをおさえきれずに、泣きだしていることがわかります。

(4)文章全体から、「ママ」の様子を読み取ります。「ママ」は、「さくら子」が悪いと決めてかかっているものの、厳しく叱るのではなく、優しく言い聞かせています。このことから、「ママ」は優しい人物であることが読み取れます。

標準レベル 79 物語(7)

解答

1 (1)ぶりぶり

(2)れい うんてん手が いねむりを して いたと 思った から。

(3)れい ネコの 子を ひきころさないように する ため。

(4)〇を つける もの)左

指導の手引き

1 (1)「ぶりぶり」は、怒って不機嫌な様子を表す言葉です。ここでは、電車が急に止まったために、「みんな」が怒っている様子を表しています。

(2)直後の「うんてん手は、いねむりを して いたのではなかった。」から、「みんな」の思いがわかります。「みんな」は「うんてん手」が居眠りして電車を止めたと思ったので、怒ったのです。

(3)最後から二つめの段落に着目します。「うんてん手が 電車を とめたのは、せんろを よこぎろうと する、小さな ネコの 子を、ひきころすまいと したからで あった。」と、書かれています。

(4)最後の段落に着目します。「どんなに どなりつけられても しかたが ないと、うんてん手は、思った」と、「うんてん手」の気持ちが書かれています。自分にとってはネコを救うことが大切だと思ったからこそネコを救ったけれども、迷惑をかけてしまった乗客の「みんな」には謝らなければならないと思ったのです。

注意 物語では、起きたことを読み取るだけでなく、その原因や、それがどのような影響を生んだかをきちんと理解します。

上級レベル 80 物語(7)

解答

1 (1)〇を つける もの)中

(2)お兄ちゃん

(3)〇を つける もの)右

(4)れい 赤ちゃんが 生まれて こなくて いいと ぼくが いったから。

(5)〇を つける もの)三つめ

指導の手引き

1 (1)傍線部の直前までの内容を読み取ります。「ぼくの おもちゃなんて どんどん しまわれて」「だれにも、ぼくの 声は 聞こえない」から、だれにもかまってもらえなくなった様子がわかります。「話すのを いやがるように」なったからではありません。

(2)「赤ちゃんが 生まれる」という言葉に着目します。最初の段落に、「ぼくの うちに、もうすぐ 赤ちゃんが 生まれる。お兄ちゃんに なるなんて、……」とあります。この内容をとらえます。

(3)文章全体から、「ぼく」の置かれた状況と気持ちをとらえます。だれにもかまってもらえず、さらに、「いい子にしてろよ」と言われています。自分の気持ちを聞いてもらえない「ぼく」は、とても憂鬱で、ふさぎこむような気持ちになっていると考えられます。

(4)・(5)傍線部③直前の「ぼく」の会話に着目します。「おじいちゃん」は、「ぼく」のことを気づかい、心配して「じっと」見ているのです。

標準レベル 81 記ろく文・意見文 (1)

解答

1 (1)(〇を つける もの)左
(2)ゆうえんち
(3)れい どきどきした。
(4)ふかみどりいろのいす・むかいあわせのせき・いろいろな道具

指導の手引き

1 (1)家族で遠くの遊園地に行くために、初めて電車に乗った「男の子」が、どのようなものを見て、どんなことを思ったかをくわしく書いた文章です。こまったり、教わったりしたことは書かれていません。
(2)「なぜ」と理由を問われているので、「から」「ため」などの言葉をまず探します。最初の段落に、「かぞくで 遠くの ゆうえんちに 行く ために」とあります。これが、電車に乗った理由です。
(3)第一段落にある、「電車に のったのは、これが はじめてだったからです。」の直前の一文「どきどきしました。」に注目します。
(4)車内の様子について書かれた第三段落以降から、人のほかに書かれているものを探します。字数を頼りに、第四段落の「ふかみどりいろの いす」「むかいあわせの せき」と、第五段落の「いろいろな 道具」を抜き出します。

上級レベル 82 記ろく文・意見文 (1)

解答

1 (1)かいじゅう
(2)れい 車に むかって とびかかった。
(3)れい 車に はねられたから。
(4)れい 車に ひかれたが、いのちは たすかった。
(5)(〇を つける もの)左

指導の手引き

1 (1)二行目の「ような」という言葉に着目します。これは例えを表す言葉です。ここでは「かいじゅう」は、人間にとって恐ろしいものの例えで用いられています。車が「つっこんで くる」ときの恐ろしさを表しています。
(2)第二段落に、車にひかれそうになったときのことが書かれています。「よろける かめやまさん」を前に、「サーブ」は、「車に むかって とびかかって」いたのです。
(3)直後の段落に着目します。「でも、車の しょうめんに あたったのでは ありません。」とあります。ここから、「かめやまさん」が、正面ではないが、車にあたってしまったことがわかります。
(4)最後の二つの段落の、「かめやまさん」の様子に注目します。最後の段落で、「かめやまさん」は、ひたいから血を流してはいますが、起き上がっています。このことを、前の段落で「いのちは たすかりました」と述べているのです。
(5)この文章では、恐ろしい車に立ち向かって「かめやまさん」を助けた「サーブ」の様子が書かれています。その様子を表す適切な言葉は「ゆうかん」です。

注意 記録文では、どのようなことが起こったかを正確に読み取ることが、第一に重要なことです。

標準レベル 83 記ろく文・意見文 (2)

解答

1 (1)(〇を つける もの)中
(2)れい ものが おちて きて けがを する ことが あるから。
(3)がけ・山
(4)にぎやかなところ・さみしい公園
(5)れい きけんな 場所に 近づかない こと。

指導の手引き

1 (1)文章全体をよく読みます。第二段落と第三段落では危険な場所について説明し、第四段落で、「君子 あやうきに 近よらず」という言葉を紹介して、「おぼえて おきたい」と述べています。これが筆者の伝えたいことです。そのあとの二つの段落では、人の多い・少ないによる危険な場所を挙げていますが、これも、そのような場所に近寄らず、安全を守るようにという思いが込められています。なお、何が「あんぜん」かや、「あんぜんに あそぶ」方法については、書かれていません。
(2)直後の部分を読み取ります。「ものが おちて きて けがを する ことが あります」と、危険な理由が書かれています。
(3)同じ段落の、傍線部に続く部分に、同じような例が書かれています。
(4)人の多い・少ないによる危険な場所については、続く最後の段落に書かれています。「人が 多い にぎやかな ところ」と「さみしい 公園」の二つの例をとらえます。
(5)(1)で見たように、第四段落の「君子 あやうきに 近よらず」が、筆者の勧めていることです。危険な場所で注意すること以上に、危険な場所に近づかないことが大事だと筆者は述べています。

上級レベル 84 記ろく文・意見文 (2)

解答

1 (1)れい 川へ 4時間 かけて 行く。
(2)れい 水がめは かなり おもい もので、それを おでこで ささえる。
(3)れい 水道を ひねる。
(4)れい 遠くの 池や 川や 井戸まで 毎日水を くみに いく 人たち。
(5)れい お父さんも お母さんも はたらいているから。

指導の手引き

1 (1)「何時間」と聞かれていることから、まず、「時間」という言葉に着目します。第一段落に「毎日、川まで　4時間　かけて　水を　くみに　いきます」とあります。「サビトリちゃん」の大変な毎日がわかります。
(2)「水がめ」という言葉に着目します。第二段落に「水がめ」という言葉があり、ここで「水がめ」の説明が書かれています。「もって　みると、かなり　おもい」、「それをサビトリちゃんは、おでこで　ささえて」とあります。
(3)日本について書かれているのは、第三段落です。ここに、「日本では、水道を　ひねると　きれいな　お水が　じゃーっと　出て　きますよね。」とあります。
(4)「多く」という言葉と同じ意味をもつ「たくさん」に着目します。最後から二つめの段落に、「水道が　なくて、遠くの　池や　川や　井戸まで　毎日　水を　くみに　いかなくては　ならない　人たち」がたくさんいる、と書かれています。
(5)「ために」という、理由を説明する言葉に着目します。最後の段落に「その　ために　学校に　行けず、水くみだけで　一日　おわって　しまう」とあるので、この前の部分を見て「その」の内容をとらえます。すると、「お父さんも　お母さんも　はたらいて　いる　家では、子どもたちに　水くみを　させる　ことが　あります。」とあり、これが理由だとわかります。

標準レベル 85 記ろく文・意見文(3)

解答

1 (1)れい しんだ　イヌを　うめて　やる　ため。
(2)れい 女の人では　土を　ほるのは　むりだと思ったから。
(3)れい ぶじか　どうか　たしかめ、だめで　あれば、手あつく　ほうむって　やるべきだ。
(4)ほんとうにやさしい人
(5)(○を　つける　もの)左

指導の手引き

1 (1)最初の「わたし」の会話からとらえます。「かわいそうだから、うめて　やろうと　思って」とあり、イヌを埋めるために穴を掘っていたことがわかります。
(2)本文十二行目からの「運転手さん」の言葉から考えます。「女の人では、この　土を　ほるのは　むりでしょう。」といっているので、「わたし」と同様に、「運転手さん」もたいへん優しい人物であることがわかります。
(3)十六行目からの「運転手さん」の言葉から考えます。イヌを「車で　はねた　人」に対して、「せめて　ぶじかどうか　たしかめ、もし　だめで　あれば、手あつく　ほうむって　やる　くらいの　ことは、できないのかなぁ」といっています。
(4)(3)でとらえた言葉の続きを読みます。すると、「おくさんは、ほんとうに　やさしい　人だね」といっています。
(5)この文章に出てくるのは「わたし」と「運転手さん」の二人です。「わたし」の視点から書かれた文章で、「運転手さん」は言動しか書かれていませんが、「運転手さん」の言動から、その優しさ、人柄のよさが伝わってきます。

上級レベル 86 記ろく文・意見文(3)

解答

1 (1)(○を　つける　もの)中
(2)ハグロトンボ
(3)すーいすーい
(4)さびしくなりました

指導の手引き

1 (1)この文章では、昔はトンボがどこにでもいたことが述べられています。その例が、「ハグロトンボ」と「アカトンボ」ですが、これらについて、最後の二つの段落で「このごろ、あまり　見かけなく　なって、さびしく　なりました」「もう、いなく　なって　しまったのかな？」と、述べています。ここから、筆者はトンボが減ってしまったことを伝えたいのだとわかります。
(2)直前と直後をよく読みます。前の段落で「ハグロトンボ」について述べていることがわかります。これを指して、「手で　つかめそうでしたが、……とりませんでした」と述べています。
(3)「アカトンボ」という言葉に着目して文章を読むと、「夕やけ空に　とけこむように、アカトンボが、すーいすーいと、とんで　いました」とあります。「すーいすーい」は、ゆっくりと、そしてなめらかに動く様子を表す言葉です。
(4)最後から二つめの段落に、「さびしく　なりました」と、気持ちを表す言葉が書かれています。かつて飛んでいた「トンボたち」が、今では見られなくなってしまったことへの思いを、よく表しています。

注意 この文章では、昔の回想と、現在の思いが交互に書かれています。このような文章では、場面の転換に注意して読むようにします。

87 最上級レベル 11

解答

1 (1)小さな歌声
(2)れい 母さんの　名を　よびつづけて　いた。
(3)(○を　つける　もの)左
(4)(○を　つける　もの)中

指導の手引き

1 (1)「おや、聞こえる。」という「くすのき」の言葉のあとに、何を聞いたかが書かれています。「子守歌」は字数指定にふさわしくありません。
(2)次の段落に、「母さんの　名を　よびつづける　ぼうや」と、「ぼうや」の様子が書かれています。
(3)子守歌を歌っていること、「かあ、ちゃん。」と呼びかける「ぼうや」に「はいよ。」と答えていることなどから、「女学生」が母親の代わりをしていることが読み取れます。
(4)直前にある「母ちゃんよ。ここに、母ちゃんが、いるよっ！」という言葉に着目します。「女学生」は、最初は「ぼうや」を「ほって　おけなかった」だけでしたが、「ぼうや」を真剣に思いやるあまり、最後には自分が母親であるかのように行動しているのです。

88 最上級レベル 12

解答

1 (1)れい 子犬の　うちだけ　ペットと　して　かわれ、おとなに　なって、すてられたから。
・かいぬしが　ひっこしを　して、おきざりに　された　から。（順不同）
(2)野犬
(3)むれ・シカ
(4)山のなか
(5)まして

指導の手引き

1 (1)第一段落に、犬が町で生きていけなくなるいきさつが説明されています。「……犬も　います。」という表現が二回出てくるので、どこがひとまとまりであるかを正確にとらえます。
(2)次の第三段落で、これらの犬を指して「野犬」といっています。
(3)第三段落に着目します。「山の　なかで、むれを　つくって　生きて　いる　野犬が、シカを　おそう」とあります。
(4)解答欄のあとの言葉と、文章の内容から考えます。「人間に　なじんだ　ことの　ない」とは、人間とふれあったことがない、という意味です。つまり、人間に捨てられて山に入った犬のことではありません。傍線部直前にあるように「山の　なかで　子どもを」生んだ結果、「山の　なか」で生まれた犬を指しているのです。
(5)あとから別の内容をつけ加えているので、累加（添加）の接続詞があてはまります。

89 標準レベル 日記文・手紙文 (1)

解答

1 (1)れい 八月五日に　さと子が　書いた　日記。
(2)お天気雨・大きなにじ
(3)にじを　わたって　いったら、おうちに　帰れるかなあと　思いました。
(4)（○を　つける　もの）左
(5)いろえんぴつ
(6)れい すこしずつ　きえて　いった。

指導の手引き

1 (1)文章の最初に日付が書かれています。また、「きょうは、さと子の　たんじょう日です。」など、自分のことを名前で書いています。
(2)「ママたち」が帰ったあとのことは、文章の第三段落に書かれています。この内容をとらえます。
(3)この文章は、第三段落までは、その日起こった出来事を書いています。最後の段落では、雨のあとにかかった虹から、昔見た虹を回想し、さらに、虹を渡って家に帰る空想をしています。
(4)選択肢をよく比較します。(3)でとらえたように、この文章には「さと子」の空想が書かれています。また、気持ちを表す「思う」「考える」や、「うれしい」「かなしい」などの言葉は、第四段落に「思いました」と一つあるだけです。(3)の場面の空想が、きれいに表されていることから考えます。
(5)最後の段落の後半に、「さと子」が虹を描いている場面があります。たんじょう祝いにもらった「いろえんぴつ」をさっそく使い、たんじょう日にかかった虹を描いています。
(6)文章の最後に、「にじを　かいて　いたら、ほんとうのにじが　すこしずつ　きえて　いきました」とあります。

90 上級レベル 日記文・手紙文 (1)

解答

1 (1)みほ
(2)あたらしいおもちゃ
(3)やったー
(4)れい おじいちゃんが　じこに　あう　こと。
(5)（○を　つける　もの）二つめ・四つめ

指導の手引き

1 (1)文章の最後の「みほより」という部分に着目します。
(2)書き出しの二文に着目します。「おじいちゃん、あたらしい　おもちゃを　買って　くれたんだね。どうも　ありがとう。」と、お礼を伝えています。
(3)三行目の「ありがとう」もうれしい気持ちを表す言葉ですが、指定の字数が四字なので、当てはまりません。第二段落にある「やったー」という言葉には、書き手のうれしい気持ちがよく表されています。このように、気持ちをそのまま表す言葉を手紙の中で用いると、気持ちがよく伝わって効果的です。
(4)最後の段落で、話題が「おじいちゃん」の「さんぽ」に移っています。「さんぽ」について、「じこに　あうかもしれない」と、心配しています。
(5)この文章のように、身近な人に書く手紙は、たとえば、友達でも「けいこさん」を「けいこ様」と書くなど、丁寧な言葉がよい場合と、「けいちゃん」と書くなど、くだけた言葉がよい場合とがあります。どんな人に対しても丁寧な言葉で書くべきだとは、一概にはいえません。気持ちが伝わる書き方を心がけるようにします。

注意 手紙文においては、相手への用件を明確に書くことが大切です。また、この文章のように、気持ちを直接表現するような言葉を効果的に用いることも身につけたいところです。

標準レベル 91 日記文・手紙文 (2)

解答

1 (1)いとう　みさこ
(2)(○を　つける　もの)左
(3)れい タクシーを　とめる　ため。
(4)れい かかりぎめが　めんどうだから。・はっぴょう会が　はずかしいから。(順不同)
(5)(○を　つける　もの)中

指導の手引き

1 (1)文章の最初に、日付と名前が書かれています。この部分をとらえます。

(2)タクシーをとめたこと、タクシーの中で「お母さん」と学校の話をしたことなど、実際に起きた出来事を書いています。また、「学校が　きらい」「かかりぎめが　めんどう」「はっぴょう会は　はずかしい」など、自分が思ったことについても書いています。

(3)「わたし」が手を上げたところ、「タクシーが　とまって」くれた、とあることから考えます。

(4)「から」という、理由を述べる言葉に注目します。第四段落に「学校が　きらいなのは、……からです。」とあり、その一文で「クラスの　かかりぎめが　めんどうで」「はっぴょう会は　はずかしいから」という、二つの理由が述べられています。

(5)この日記は、人にあまり言いたくないようなことを正直に書いており、その点がすばらしいといえます。この子のように、素直な気持ちをもって、日記を書くよう心がけます。

上級レベル 92 日記文・手紙文 (2)

解答

1 (1)(○を　つける　もの)中
(2)れい (じてんしゃで　ころんで)手の　ほねが　おれた。
(3)いたいのでしょうね
(4)たかやす・さとう　だいち(順不同)
(5)(○を　つける　もの)左

指導の手引き

1 (1)第一段落の「けがは　よく　なりましたか。」や、第二段落の「こんど……おみまいに　いく　とき」などから、この文章はおみまいの手紙だとわかります。

(2)第一段落・第二段落で「けが」と書かれていたことについて、第三段落では「手の　ほねが　おれる」と、詳しく書いています。

(3)「いたわる」とは、心配する、大切にするという意味です。「いたいのでしょうね」という言葉で、相手の身になって心配しています。

(4)第二段落に「こんど　たかやすくんと　おみまいに　いく　ときに」とあります。「たかやすくんと」というのは、書いている自分が「たかやすくん」といっしょにおみまいに行く、という意味です。

(5)「けがは　よく　なりましたか。」「しっかりと　けがを　なおして　ください。」と「しまださん」をいたわりながら、うさぎの子どもの名前について、「しまださんも何か　思いうかんだら、教えて　ください」とクラスの活動にさそっています。「おどろかせる」はこの手紙にふさわしくなく、「学校に　ついて　くわしく」書いてはいません。

ポイント

この文章の最後のような署名は、相手の名前の前に書き手の名前を書きます。
たとえば、

七月三十日
やまね　ともあき
こばやし　きよみさま

とある場合、「やまね　ともあき」さんが手紙を書いた人、「こばやし　きよみ」さんが手紙を受け取る相手、となります。

標準レベル 93 つなぎことば (1)

解答

1 ①あるいは　②しかし　③つまり　④だから　⑤さらに
2 ①のに　②から　③ても　④ながら
3 ①けれども　②それで　③それとも　④すると　⑤ところで　⑥ただし

指導の手引き

1 「つなぎことば」(接続語)を考える場合には、前後の言葉や内容をしっかり読んで、その関係についてよく理解しなければなりません。①は前後の内容のどちらかを選ばせています。②は前後の内容が対立しています。③は前の内容をあとで別の言葉に言い換えています。④は前の内容を理由にしてあとの内容が起こっています。⑤は前の内容にあとの内容をつけ加えています。

2 接続関係を表す助詞について確認する問題です。助詞はほかの言葉に付属して、さまざまな意味を付け足す言葉です。①は前後の内容が対立しています。②は前の内容を理由にしてあとの内容が起こっています。③は「仮に」という意味をそえています。④は二つの動作を同時に行う意味を表しています。

3 ①は前後の内容が対立しています。②は前の内容を理由にしてあとの内容が起こっています。③は前後の内容のどちらかを選ばせています。④は前の内容の順当な結果があとに続いています。⑤は新しい話題に変わっています。⑥は前の内容の条件をあとで述べています。

ポイント
「つなぎことば」(接続語)は、文章・文のつながりをとらえるうえで大切です。いろいろな形で出題されるので、しっかりと練習を重ねて、正しく判断できるようにします。

上級レベル 94 つなぎことば (1)

解答

1 ①しかし—だが ②ところで—さて ③つまり—すなわち ④だから—それで ⑤あるいは—または

2 ①ところで ②ただし ③おまけに ④なぜなら ⑤もしくは

3 れい ①ねつが あった。だから、今日は 学校を 休んだ。 ②よく 考えた。でも、答えられなかった。 ③さむかった。さらに、風まで ふき出した。 ④電話を かけますか。あるいは、手紙を 書きますか。

指導の手引き

1 ①は逆接、②は転換、③は要約(言い換え)、④は順接、⑤は選択の意味です。それぞれ同じ働きをするものどうしを結びます。わかりにくいようであれば、例文を作って、両方の言葉をあてはめてみます。

2 「つなぎことば」(接続語)にはさまざまな種類があって、それぞれが違った意味を表すので、前後の内容の関係をよくとらえて、正しい言葉を使えるようにします。①は新しい話題に変わっています。②は前の内容の条件をあとで述べています。③は前の内容にあとの内容をつけ加えています。④は前の内容の理由をあとで述べています。⑤は前後の内容のどちらかを選ばせています。

3 接続関係を表す助詞を用いた文を、接続語を用いることによって、二つの文に分けて表す問題です。文をよく読んで、前後のつながりを考えるとともに、最も適切な接続語を選びます。

標準レベル 95 つなぎことば (2)

解答

1 ①なら ②ながら ③ものの ④うえで ⑤ので

2 れい だんだん すずしく なって きた。それでも、あつい 日は まだ つづいて いる。

3 ①しかし ②だから ③さらに・すなわち

指導の手引き

1 ①は仮定の意味をそえています。②は二つの動作を同時に行う意味を表しています。③は前後の内容が対立しています。④はある行動に加えて別の行動をしたことを表しています。⑤は前の内容を理由にしてあとの内容が起こっています。

2 「それでも」という接続語は、前後の内容が対立する場合に用いられます。前の文とあとの文が、そのような関係になる二つの文を、自分で考えて作ります。

3 ①は前後の内容が対立しています。②は前の内容を理由にしてあとの内容を述べています。③の一つ目は、前の内容にあとの内容をつけ加えています。二つ目は、前の内容をあとで別の表現でまとめ上げています。

注意 接続語を考える場合、前後の内容をよくとらえて、正しい接続語を選ぶ必要があります。この問題のように、文が長くなり、内容も高度になればなるほど、接続語の選択は難しくなります。それぞれの接続語を実際にあてはめてみて、意味が通るかどうかを確かめるようにします。

上級レベル 96 つなぎことば (2)

解答

1 れい ①雨が 上がると、きれいな にじが 出て いました。 ②公園への 道が わかりませんでしたが、人から 聞いて 行きました。 ③さむかったので、コートを きました。 ④妹は 勉強も できますし、絵も 上手です。

2 (じゅんに)なぜなら・でも・また・だから・それから

指導の手引き

1 接続語を用いて書かれた二つの文を、接続関係を表す助詞を用いて、一つの文にまとめる問題です。接続語の前後の文をよく読んで、正しい言葉を選びます。また、文が不自然なものにならないように、注意して書きます。

2 長い文章の中にある接続語を選ぶ問題です。前後の文だけでなく、文章全体の意味をよく理解しながら考えないと、間違える危険性があります。次のような接続関係をとらえます。一つ目は、前の内容の理由をあとで述べています。二つ目は、前後の内容が対立しています。三つ目は、関係する内容を前後に並べています。四つ目は、前の内容を理由にしてあとの内容を述べています。五つ目は、前の内容にあとの内容をつけ加えています。

97 最上級レベル 13

解答

1 ①エ　②オ・ウ　③ア　④イ

2 (1)あイ　いウ　うア

(2)③→①→②

指導の手引き

1 接続語の前後の内容をよく読んで、適切なものを選びます。

①は前の内容にあとの内容をつけ加えています。②の一つ目は前後の内容が対立しています。二つ目は前の内容をあとで別の言葉に言い換えています。③は前の内容を理由にしてあとの内容を述べています。④は前の内容とあとの内容を比べています。いずれも文字数が多いものになっているので、よく理解してから考えることが大切です。

2 (1)手紙を書くときにはいくつかの約束事があるので、その形にそって書く必要があります。まず、手紙のはじめには、手紙を出す相手の名前を書きます。または、相手の名前を手紙のいちばん最後に書くこともあります。いずれにせよ、相手の名前は上のほうに書きます。手紙の終わりには日付けを書き、自分の名前は下のほうに書きます。

(2)この手紙では、運動会で自分が出る予定の種目についてまず告げて、その種目の練習を続けてきたことを述べています。そして、最後には、運動会の日を述べて、来てくれるように頼んでいます。「さようなら。」とあるので、②が最後に来ることがわかります。また、①の「リレー」については、③で初めて話題に出しているので、③→①の順番になることがわかります。

98 最上級レベル 14

解答

1 (1)(○を　つける　もの)左

(2)手でおいしく、きれいに食べる方法

(3)あウ　いア

(4)れい　指の　先だけを　使って、きれいに　食べる　こと。・食べた　あとの　おさらが　きれいに　なるように　食べる　こと。(順不同)

指導の手引き

1 (1)「おはしや　フォーク」を使わないで、手で食べるところは「おくれて　いる」ところだと思いやすいですが、すぐあとの文で「いや、そんな　ことは　ないんだ。」と述べていることに注意します。その理由が、あとの「ミラ先生」に教わった内容の中で述べられています。

(2)「ミラ先生」に教わった内容の中に、同じような意味の言葉があります。

(3)あは前の内容にあとの内容をつけ加えています。いは前の内容と対立するような内容があとにきています。

(4)「ミラ先生」と「ぼくら」の食べ方の違いを読み取ります。「ぼくら」は「手のひらまで　カレーが　くっついて　しまう」ことや、「食べた　あとの　おさら」が「きたない」ということを経験します。それに対して、「ミラ先生」は「きれいな」食べ方をしています。そのことから「手で　食べるのにも　おぎょうぎが　ある」と述べているのです。

99 標準レベル し(3)

解答

1 (1)ばんごはんが　まってるぞ　あしたの　朝　ねすごすな

(2)(○を　つける　もの)右

(3)歩くぼくら

(4)夕日(太陽)

(5)ぐるり

(6)(○を　つける　もの)中

指導の手引き

1 (1)第一連と第二連が同じ構成の詩です。最後の二行は、第一連と同じ言葉を第二連で繰り返しています。

(2)「せなかを　おして　くる」という表現から考えます。後ろの方で力強く見守るように輝く太陽を、後押ししてくれる存在のようにうたっています。

(3)第一連では、「夕日」が「ぼくら」によびかけている、とうたっていることをとらえます。その夕日が「きみたち」と言っているのですから、相手である「ぼくら」に対してということになります。

(4)(3)と同様に、「夕日」が「ぼくら」に向かって言っているので、「ねすごすな」と言っているのは「夕日」です。

(5)第二連の「ぼくら」の様子をとらえます。「ふりむき」の前に、「ぐるり」という、様子を表す言葉があります。

(6)第二連では「ぼくら」が「夕日」にどなっていることをうたっています。「ばんごはんが　まってるぞ」「あしたの朝　ねすごすな」という言葉から、夕日に負けず元気よくしている「ぼくら」の様子がわかります。

100 上級レベル し(3)

解答

1 (1)め

(2)(○を　つける　もの)中

(3)めくじら

(4)めいぶつりょうり

(5)(○を　つける　もの)左

指導の手引き

1 (1)ほとんどの行は「め」で始まり、そのほかにも、「め」

があちらこちらに使われています。視覚・聴覚の両方に訴えかけてくる詩です。
(2)「こっく」「れすとらん」「めにゅー」など、かたかなで書かれるのが普通の言葉を、ひらがなで書いています。なお、音で表すべき言葉の説明も、色を表す言葉も、詩の中には登場していません。
(3)「めにゅーを　めくって　みたら」からあとがメニューの内容です。「めくじら」は「目のそとがわ・目じり」のことです。これだけが食べ物ではありません。
(4)「いずれも」という言葉に着目します。これは「どれも」という意味で、それまでに出てきたものすべてを指して、「そのどれもが」と述べています。このあとの部分を見ると、「めずらしい／めいぶつりょうり」とあります。ここから、字数に合わせて答えます。
(5)「め」がつく言葉を繰り返し使うことによって、どこかこっけいな味わいを表現しています。詩は、言葉がもたらすイメージや味わいを表現するものなので、この詩のように言葉遊びのようなものもあります。

注意 この詩は、言葉がもつおもしろさを十分に味わって読むようにします。

標準レベル 101 し (4)

解答

1 (1)(〇を　つける　もの)右
(2)いねむり
(3)**れい** おせんべいを　つまみぐいして　いた。
(4)(おにいちゃん)むにゃむにゃ
(おかあさん)ぱりぽり
(5)うふっ・あれっ(順不同)

指導の手引き

1 (1)「いねむり」や「つまみぐい」といった、おかしげな言葉をかわいらしく表現しています。うたっている子どもの視点で考えると、おかしさが伝わってきます。
(2)「おにいちゃん」についてうたった第一連の「そおっとのぞいて　みたらね」のあとに、「おにいちゃん」が何をしていたかが書かれています。「いねむり」といいきることで、余韻を残しています。
(3)(2)と同様、「おかあさん」についてうたった、第二連の「そおっと　のぞいて　みたらね」のあとに着目します。「つまみぐい」と書かれています。また、「おせんべい　かくして」から、食べていたのは「おせんべい」だということがわかります。
(4)第一連・第二連から、音を表す言葉をとらえます。第一連では「おにいちゃん」がいねむりをしていて、「むにゃむにゃ」という音で寝言が表現されています。第二連では「おかあさん」がつまみ食いをしていて、「ぱりぽり」という音でおせんべいを食べる音が表現されています。
(5)第一連・第二連の「そおっと　のぞいて　みたらね」のあとに着目します。それぞれ「うふっ」「あれっ」と、かわいらしく、おかしげな言葉があります。これが、のぞき見た子どもの感じたおかしさ、意外さを表しています。

上級レベル 102 し (4)

解答

1 (1)**れい** どこの　家にも　ネコが　いるから。
(2)(〇を　つける　もの)左
(3)**れい** きびしい　人には　つかず、やさしい人に　ついて　まわる。
(4)**れい** ねむって　いながら、はんぶん　目をひらいて　見て　いる。
(5)(〇を　つける　もの)右

指導の手引き

1 (1)「どこの　家にも　ネコが　いて」という表現に着目します。作者は、時計がどの家にもあるように、ネコもまたどの家にもいる、という見方をしているのです。時計は生活になくてはならないものですが、ネコはそうではないのに、という思いもこめられています。
(2)「ぶらぶら」は、何にも縛られることなく、自由な行動をして回る様子を表しています。これをうまく表現しているのは「気まま」です。
(3)直後の部分にうたわれています。ネコは人によって態度を変えるのです。
(4)「見て　いる」という言葉に注意して詩を読みます。すると、「いつも　ねむって　いながら／はんぶん　目をひらいて　人を　見て　いる」とあります。この内容をまとめます。
(5)この詩は、最後でも「ネコは　時計の　かわりに　なりますか。」と問いかけており、一見、ネコをいらないもののようにうたっているように見えます。しかし、詩の中にうたわれているネコの様子に着目すると、日頃ネコをよく観察していないと、このようなことがうたえないということに気づきます。そのため、作者は、日頃ネコをよく見ている人だと考えられます。

標準レベル 103 物語 (8)

解答

1 (1)(〇を　つける　もの)左
(2)てん校生
(3)くびをかしげました
(4)てるてるぼうず
(5)(〇を　つける　もの)二つめ

指導の手引き

1 (1)文章の最初の一文に「つぎの　日も、つぎの　日も、いなかった　はずです。」とあります。さらに、傍線部を含む段落の次の段落に、「ところが、また　いつのまにか、その　子は　いなく　なって　いるのでした。」とあります。ここから、「その　子」が、いるのかいないのかわからない、不思議な子であることと、物語全体の不思議な雰囲気をとらえます。

(2)解答欄の前後の言葉に着目して文章を読みます。第二段落に、「この　クラスには、だれも　てん校生など　いません」と書かれています。

(3)何かを不思議に思ったり、疑問を感じたりする様子を表す言葉を探すと、「くびを　かしげました」が見つかります。みんなは、いつの間にかいた「その　子」が、また急にいなくなってしまったことを不思議に思っているのです。

(4)最後の段落からよく読み取ります。はっきりと書かれてはいませんが、物語の流れから、この「てるてるぼうず」が、「てん校生」だったと考えられます。「すっかり　よごれた」とあるのは、クラスの「みんな」と一緒に過ごしたからでしょう。

(5)いつの間にかいた子が、またいつの間にかいなくなっていること、それが「てるてるぼうず」だったこと、また、これらの出来事をぼんやりとした書き方で表現していることから、文章全体の不思議さをとらえます。

注意　日常ではあり得ないような出来事を表した物語では、常識にあまりとらわれすぎず、自由に想像力を発揮して、空想の世界を楽しむようにします。

上級レベル 104　物語 (8)

解答

1 (1)(〇を　つける　もの)中
(2)(〇を　つける　もの)右
(3)(〇を　つける　もの)右
(4)れい　さくらを　さかせる　こと。
(5)春のせい

指導の手引き

1 (1)直後の「むすめ」のせりふと合わせて考えます。太ってしまったのではないかと聞かれて、自分でもそれがわかっていたので、そうだと答えるのがつらかったのだと考えられます。

(2)直前の部分に着目します。「むすめ」は自分が太ったことに対して、「どう　したら　いいの。」といい、「おじさん」は「さあ、どう　したらと　いわれても。」と答えています。「おじさん」にとっては、「むすめ」が太ったことは自分にはどうしようもないことなので、目の前で泣き出されて困っているのです。

(3)直後の「むすめ」のせりふからとらえます。一転して「おじさん」に対して怒り、強い口調で話していることがわかります。

(4)傍線部を含む会話から読み取ります。「むすめ」は「ワンピースを　着ないと」仕事ができない、といっています。さらにその前で、「ことしは、通りの　さくらは　さかないわよ。ここは、わたしが　さかせて　いるんだから」ともいっており、桜を咲かせることが「むすめ」の仕事であるが、ワンピースを着ないと、桜を咲かせることができない、ということがわかります。

(5)文章の最後に着目すると、「花を　さかせる、春の　せいよ。」と「むすめ」がいっています。

標準レベル 105　物語 (9)

解答

1 (1)(〇を　つける　もの)中
(2)(〇を　つける　もの)二つめ
(3)(〇を　つける　もの)左
(4)(〇を　つける　もの)左

指導の手引き

1 (1)傍線部②のあとに、「おかあさん」が最初「ポチ」を嫌がっていたことが書かれています。また、最後の段落に、「おかあさん」は「ポチの　ことが、いまでは　かわいくなってるのよ。」とも書かれています。「おかあさん」は最初、「ポチ」のことを嫌っていたので、今では「ポチ」をかわいく思っていることを知られるのが恥ずかしいのです。

(2)笑いがこらえられないときの心情なので、「よろこび」です。「おかあさん」の様子がただおかしいだけでなく、(1)で見たように、「おかあさん」が「ポチ」を好きになってくれたことがうれしくもあるのです。

(3)文章の最初で「おかあさん」は「ポチ」と遊んでいたところを見られてしまい、それをごまかすように「もう　そんな　時間。かすみを　むかえに　いかなくちゃ。」といっています。「おかあさん」は、前は「ポチ」を嫌っていて「いやですよ、ねこなんか！」と反対していたので、素直になれないのです。このことを「つっぱってた」と表現しています。「つっぱる」は意地を張る、という意味をもつ言葉です。

(4)(2)で見たように、うれしくなっている「わたし」の気持ちをとらえます。

上級レベル 106　物語 (9)

解答

1 (1)子どもたちのはしゃぐ声　(2)なわとび
(3)れい　体育の　時間が　くると、頭が　いたくなるから。
(4)(〇を　つける　もの)右
(5)(〇を　つける　もの)左

指導の手引き

1 (1)続く段落に、さらに「プール」の様子が書かれています。ここでは「子どもたちの　はしゃぐ　声」と、聴覚に届く様子が書かれています。

(2)直前の「こうじくん」の「そんなに　かんたんなら、ぼくに　おしえて　くれよ」という、なわとびを教えてほしがる会話をおさえます。また、直後の部分を読むと、「こうじくん」が目をやった先には、「なわとびを　して　いる」三年生の「こうじくん」のクラスが見えています。ここから、みんなと「なわとび」がしたいという「こうじくん」の気持ちを読み取ります。
(3)文章の後半の「よしろう」の気持ちが書かれた部分に着目します。「こうじくんも もしかすると、よしろうと おなじように、体育の 時間が くると 頭が いたく なるのかも しれない」とあることから、「よしろう」が保健室にいる理由をとらえます。「よしろう」も「こうじくん」同様、体育が得意ではないのでしょう。
(4)「体育の 時間が くると 頭が いたく なる」ので「よしろう」は保健室にいたのですが、そんな「よしろう」に「こうじくん」は、なわとびを教えてくれと頼んでいます。人に教えることができ、役に立てることに、「よしろう」は「ほこらしい 気もち」を感じているのです。
(5)「よしろう」と「こうじくん」の会話や、「こうじくん」の気持ちを想像する様子から、「よしろう」の優しさを読み取ります。

標準レベル 107 説明文(5)

解答

1 (1)㋐ウ ㋒ア
(2) れい 「うれしく ない」と 書いた こと。
(3)①下げる ②うすい ③高い
(4)㋑よわい ㋓くやしい (5) れい かんたん

指導の手引き

1 (1)㋐の前の文から、「よう子さん」からこのゲームを始めていることがわかります。あとの文では、今度は「のぶおくん」から始めています。始めるほうの順番が交代しているところから、次のゲームに移ったことがわかります。㋒は「よう子さん」が言葉を書いたので、それを受けて「のぶおくん」がその反対の意味の言葉を書くという、順当な流れになっています。
(2)「それ」の指すものを見て、「よう子さん」が「のぶおくんの まけよ。」と言っています。
(4)反対の意味の言葉を入れます。㋓は「よう子さん」の言葉も参考にして考えます。

上級レベル 108 説明文(5)

解答

1 (1)強力な羽・すばらしい目
(2) れい かくれる こと。
(3) れい なるべく すがたを 目だたせない こと。・相手を おどろかすほど 目だつ こと。(順不同)
(4) れい ほんとうに 葉に よく にた 色に なって いった。
(5)(○を つける もの)二つめ

指導の手引き

1 (1)解答欄のあとの「を もって いる」という言葉に着目します。第一段落に「……を もって いましたし、……も もって いました」とあるので、この内容をとらえます。
(2)第一段落で鳥たちが昆虫よりまさっていることを説明したあと、「こん虫たちに できる ことは ただ ひとつ、かくれる ことだけ」だと説明しています。
(3)傍線部直後を読むと、「そう いう じょうけん」に合った昆虫だけが子孫を残し続けられた、と書いてあります。これを踏まえて、傍線部の直前を読むと、「活動する かんきょうの 中で、なるべく すがたを 目だたせないか、ぎゃくに 相手を おどろかすほど 目だつか」と書かれています。傍線部の「そう」が指すのは、この部分です。
(4)どうなっていったかは直後の部分に書かれているので、この部分に着目します。最後にどうなったかを読み取ると、「ほんとうに 葉に よく にた 色に なって いった」とあります。
(5)「それに てきおう する いろいろな 生物が あらわれました」とあります。「てきおう」とは合わせることを意味する言葉です。生物が合わせなければならないものとは何かと考えて、前の部分から指示語の指す内容を探すと、「気こう」が見つかります。

標準レベル 109 説明文(6)

解答

1 (1)(○を つける もの)中
(2) れい ゆかが たいらで、はしらが まっすぐに たつ こと。
(3) れい 水は どんな ものに いれても、その ひょうめんが たいらに なる こと。
(4)地面の水平 (5)(○を つける もの)中

指導の手引き

1 (1)続く二つの段落で、「くふう」の内容が詳しく書かれています。第二段落に「ゆかや はしらが かたむいたりすると……こまった ことが おこって きます。」とあり、第三段落では、それを防ぐために「ゆかが たいらで、はしらが まっすぐに たつ こと」が大切であると説明しています。そして、そのためには「土台(はしらを たてる ため、よこに わたす ざい木)が たいらで なければ なりません」と述べています。つまり、家を建てるときに困ったことが起こらないようにするための工夫として、土台を平らにすることを挙げているのです。
(2)「たいせつ」という言葉に着目します。第三段落に「まず たいせつな ことは……」とあります。この内容をとらえます。
(3)直前の内容を確認します。「水は どんな ものに いれても、ひょうめんは たいらに なります。」とあり、これを指して「水平」というのだとわかります。
(4)この「せいしつ」で何を確かめたかは、直後の段落に書かれています。「たしかめました」という言葉に着目すると、「地面の 水平を たしかめました」とあります。
(5)文章全体から考えます。土台やゆか・はしらなど、家の

「たて方」を中心に述べているので、「えらび方」や「れきし」はあてはまりません。

110 上級レベル 説明文(6)

解答

1 (1)(〇を　つける　もの)一つめ
(2)(じゅんに)2・3・1・4
(3)れい 相手の　からを　まわしたり　しらべたり　する　とき。
(4)れい 相手が　からから　出て　こないから。

指導の手引き

1 (1)最初の一文に「ヤドカリの　あらそいは……」とあります。これにあてはまるのは「たたかい方」です。この文章は、ヤドカリがどうやって殻を奪うかを、争いを中心に説明しています。
(2)「相手が　からの　中に　ひっこむと」や「からを　ぶつける　前に」などの部分に注意して、前後関係を正確にとらえます。
(3)指示語を問われているので、まず直前の内容を確認します。すると、ヤドカリが「相手の　からを　まわしたり、からの　口に　ハサミを　つっこんで、よく　しらべ」たりしている場面であることがわかります。この内容をまとめます。
(4)「なぜ」と理由を問われています。傍線部の直前に、「そのため」とあり、この前に理由があるとわかります。そこで、一文前を見てみると、「ときには、なかなか　出て　こない　強じょうものも　います」とあります。この内容をまとめます。

111 最上級レベル 15

解答

1 (1)(青草の　におい)〈夏休み〉のにおい
(ひまわり畑)黄金の光
(2)(〇を　つける　もの)左
(3)あかるさをくれる
(4)(〇を　つける　もの)左

指導の手引き

1 (1)「青草の　におい」については、第一段落に「青草の強い　においは……その　ものだからだ。」と書かれているので、この内容をとらえます。「ひまわり畑」については、「ひまわり畑だった。」という一行で、「ひまわり畑」が目に入った場面を表現していますが、その前の部分で、これを「黄金の　光」と表しています。「目に、とつぜん　とびこんで　きた」のが「ひまわり畑」だった、という関係をとらえます。
(2)文章の前にあるリード文から、「ぼく」が「おじいちゃん」を亡くしたばかりであることをとらえ、その「おじいちゃん」のことを思い出している場面であることから考えます。
(3)「おじいちゃん」が「ひまわり」について何といっているかをとらえます。傍線部の直前に、「ひまわりはなぁ、小さな　太陽だ。太陽と　おなじ　あかるさを　くれる花だよ……。」とあります。
(4)この文章は、「ぼく」の視点で書かれています。見た光景なども「ぼく」の思いや印象を交えて書かれており、最後には「ぼく」の回想(思い出したこと)が書かれています。

112 最上級レベル 16

解答

1 (1)ウ→ア→エ→イ→オ
(2)(〇を　つける　もの)左

指導の手引き

1 (1)この文章はトゲウオが行う順に書かれているので、文章を順番に読んでいき、正確にとらえます。「かためる」行動が二回出てきますが、それぞれが別のものであることを区別します。

注意 この文章のように、あることについて順序よく説明される文章は多くあります。前後の関係をよく理解しながら、正確に読み取ります。

(2)第三段落以降を読みます。トゲウオは穴の底にまず「長くて　かたい　松葉」をしくと述べています。そして、その上には「やわらかい　水草の　ね」をつみかさねると述べています。

113 仕上げテスト 1

解答

★1 ①こくご・おそ　②ゆき・くも　③かみ・き　④いわ・はし　⑤かんが・しる　⑥とり・う　⑦きしゃ・かえ
★2 ①公園・通　②新作・絵画　③今週・当番　④午後・会話　⑤元気・姉・妹　⑥電池・買
★3 (〇を　つける　もの)①右　②左　③左　④左　⑤右
★4 ①楽しい　②細かい　③交わる　④明るい　⑤行う

指導の手引き

★1 ①「教」には「おし(える)」という読みもあるので注意します。②二つの漢字は形が似ているので、はっきりと区別します。
★2 ①「公園」は、学年が上がると「講演」「公演」などの同音意義語がある言葉なので、今のうちに意味もしっかり覚えるように心がけます。④「ごご」と、同じ音の漢字の組み合わせなので、どちらがどの字になるかを区別します。

「午前」との比較で、「午」のあとが「前」か「後」だと考えて覚えます。

★3 それぞれ、かなづかいを間違えやすい字に注目します。①「王」は「おう」とつづります。②「地」は「チ」という音以外に「ジ」という音もあり、「地面」「地震」などでは「じ」とつづります。③「曜」は「よう」と読みます。④「計」は「けい」とつづります。⑤「自ら」は「みずから」とつづります。

★4 どれも送りがなを間違えやすい漢字です。①「〜しい」の場合は、「新しい」のように「しい」を送ります。②「ほそい」は「細い」、「こまかい」は「細かい」と書きます。しっかり区別して覚えます。④「あかり」は「明かり」、「あかるい」は「明るい」となります。⑤「行なう」ではありません。

ポイント
送り仮名のきまりを理解すると、正しく書くことができます。基本的に、活用のある言葉の送り仮名は、変化する部分から送ります。たとえば、⑤は「おこなわない」「おこないます」「おこなう」となり、「う」を送ることがわかります。

114 仕上げテスト ②

解答

★1 ①早く ②会えない ③話を ④歌声が ⑤たびしたい

★2 (○を　つける　もの)①右　②中　③左　④中

★3 ①雨が・ふるらしい ②弟は・出かけました ③わたしは・思います ④手紙が・とどきました ⑤これは・本です

★4 ①親子 ②図形 ③理科 ④半分 ⑤電力 ⑥直角 ⑦麦茶 ⑧歩道 ⑨南北 ⑩牛肉 ⑪売買 ⑫遠近 ⑬汽車 ⑭弓矢

指導の手引き

★1 かざりことばとつなげて読んで、意味がきちんと通じる言葉を選びます。①「もっと―早く」、②「とうぶん―会えない」、③「ふしぎな―話を」、④「明るい―歌声が」、⑤「いつか―たびしたい」とつながります。

★2 ①「話される」の「れる」は「尊敬」、他は「受け身」の意味です。②「高いように」の「ように」は「推定」、他は「たとえ」の意味です。③「晴れそうだ」の「そうだ」は「自分でそういう様子だと判断する」こと、他は「人から聞いた」ことを表しています。④「男らしい」の「らしい」は、「それにふさわしい」、他は「〜に思われる」という意味です。

★3 たとえば、①「雨が―ふるらしい」というように、それぞれ、解答の言葉をつなげて読んでみるとわかりやすくなります。

注意 主語と述語の両方を探す場合、まず、述語から見つけるようにします。述語はふつう、文の終わりにあって、判断しやすいからです。その述語から意味をたどって、主語を見つけます。

★4 その言葉の意味をよく考えて書くようにします。⑧「ほどう」は歩く道で、「歩道」となります。

115 仕上げテスト ③

解答

★1 ①5 ②4 ③3 ④5 ⑤5 ⑥6

★2 ゴロゴロ・ベッド

★3 ①弱 ②多 ③近 ④古

★4 ①エ ②ア ③ウ ④イ

★5 ①12 ②9 ③7 ④9 ⑤12 ⑥14

指導の手引き

★1 ①・⑥は、つらぬいているので最後に書きます。⑤の「角」との違いを意識して覚えるとよいでしょう。

ポイント
筆順にはきまりがあるので、まずは原則を覚えます。例外的なものが出題されやすいので、特に注意します。たとえば、原則は「十」の筆順のように横を書いてから縦ですが、「田」や⑤の「角」は縦を先に書きます。

★2 擬音語はかたかな、擬態語はひらがなで書きます。「ぴかっ」「ぶるぶる」は擬態語なので、ひらがなのままとなります。

★3 まず、訓読みをしてから考えます。①強い、②少ない、③遠い、④新しい、となるので、反対の意味の①弱い、②多い、③近い、④古い、の漢字を書きます。

★4 (　)の前後の内容から考えます。①前の内容にあとの内容をつけ加えています。②前の内容と対立する内容があとに述べられています。③前後の内容を比べて選ぶようになっています。④前の内容を理由にして、あとの内容が起きています。

★5 どれも画数を間違えやすい漢字です。①「辶」が三画であることをしっかり覚えておきます。②「母」の部分は四画で書きます。③「弓」の部分は三画で書きます。④「日」の部分は四画です。⑤「釆」の部分は七画です。⑥「門」の部分は八画です。

ポイント 「辶」や「口」など、よく使われる部分は、画数を覚えておくようにします。

116 仕上げテスト ④

解答

1 (1)ふゆ
(2)いやだね
(3)(○を　つける　もの)左
(4)切ない
(5)(○を　つける　もの)中

指導の手引き

1 (1)詩の中には出てこない言葉を答える問題です。詩の題名が「秋の　夜の　会話」となっていること、「もうすぐ土の　中」「さむい」という表現が詩の中に登場することから、冬眠する冬の季節がもうすぐやってくることをとらえます。
(2)「土の　中」については次の行に書かれています。「土の　中は　いやだね。」とあります。冬眠をするのがいやだという気持ちが伝わってきます。
(3)詩全体が暗い感じであることからも考えます。冬を迎えたくないという気持ちが、この「やせた」という言葉に表れています。「あたたかい　きせつ」については何も話していません。また、「もっと　がんばろうと　する」という元気な様子も会話の雰囲気に合いません。
(4)「はらだろうかね。」の直前に着目すると、「どこが　こんなに　切ないんだろうね。」とあります。これに対して、「はら」だといっているので、「はら」で「切ない」という気持ちを感じているとわかります。
(5)全体が会話で、その口調が陰鬱でうっとうしい雰囲気であることから、読み方もそれに合わせます。

117 仕上げテスト ⑤

解答

1 (1)れい チビじてんしゃ。
(2)ケンの手足
(3)どっと
(4)(○を　つける　もの)中
(5)れい みんなが　はやしたてる　あいず。

指導の手引き

1 (1)解答欄の前の「どろだらけの」という言葉に注目して、「ケン」の自転車について書かれた部分を読みます。第一段落に「どろだらけの　チビじてんしゃ」とあります。
(2)傍線部の直後の部分に、例えを表す「みたいに」という言葉があります。これに着目すると、「ケンの　手足みたいに」と書かれていることがわかります。つまり、「手足のようだ」というのは、自由自在に動く様子を表します。ここでは、「ケン」が自転車を自由自在に乗り回せることの表現です。
(3)「みんな」が笑っているのは、「みんなは、どっと　わらった。」の一文です。この「どっと」は、一斉に声を出すことを表す言葉です。
(4)直前の部分に「ぼく」の気持ちが書かれています。「クソーッ」という悔しさを表す言葉や、「みんな」にバカにされていると知ったことが書かれているので、「ぼく」ががまんできない気持ちになっているとわかります。
(5)続く部分を読みます。「オンナモン、オンナモン……。」と、「みんな」が「おもしろがって　はやしたてた」ことがわかります。

118 仕上げテスト ⑥

解答

1 (1)空気
(2)一万一千メートル
(3)数万キロメートル
(4)空
(5)れい なくなる。
(6)れい 空気が　もれないように　なって　いる。

指導の手引き

1 (1)「とりまかれて」という表現に着目して文章を読みます。文章の冒頭に「地球は　空気に　とりまかれて　います。」とあります。
(2)第二段落以降で、「対流圏」と「大気圏」についての説明がされています。二つの層についての説明を、混同しないように読み取ります。「対流圏」については、第二段落で、「この　高さまでの　空気の　そうを『対流圏』と　いいます」と書かれています。そこで、第一段落の最後を読むと、「高さ　一万一千メートルまでです」とあります。
(3)「大気圏」については第四段落に書かれています。ここでは「対流圏から　さらに　数万キロメートルの　高さのところ」と説明されています。
(4)再び「対流圏」についての問題になっています。第二段落の最後で「この　天気が　かわる　一万一千メートルの高さまでを　空と　いいます」とあります。「大気圏」と混同しないようにします。
(5)まず、「対流圏」が「空」であるということをおさえておきます。そのうえで、第四段落に着目します。
(6)「ひこうき」については、最後の段落で書かれています。「ひこうきの　中で　いきが　できるのは、ひこうきの中の　空気が　もれないように　なって　いるからです」と書かれています。

119 仕上げテスト 7

解答

1 (1)(○を　つける　もの)左
(2)れい　ちちを　のむ　ため。
(3)(○を　つける　もの)右
(4)(○を　つける　もの)左

指導の手引き

1 (1)「ハナベエ」の「親牛」は、がけから落ちて足を折ってしまったために、立てないでいます。「ハナベエ」は、「親牛」から乳を飲もうとしていますが、「親牛」は動けないために「よわよわしそうに」見るだけなのです。ここから、乳をほしがる子に何もできない「親牛」の気持ちを読み取ります。なお、牛たちを世話していると思われる「ぼく」をおそれる必要がないことと、「にげる」必要がある状況ではないことも、おさえるようにします。

(2)傍線部直前の「ちちを　のませようと　した」という「ぼく」の行動と、傍線部の、おっぱいに顔をつけている様子から、「ハナベエ」が乳を飲もうとしていることをとらえます。

(3)「ぼく」が「なんとか　してえ」と「松平じいちゃん」に親牛を助けるように頼んでいるのに対して、「松平じいちゃん」は、ただ首をよこにふるだけだったことをとらえます。「松平じいちゃん」はなんとかしてくれと頼まれている側なので、左の選択肢の「何も　するな」はあてはまりません。

(4)「親牛」の危機と「ハナベエ」の様子を見て、助けたいという必死の思いで「ぼく」が発した言葉です。直後の「なんとか　してえ」に着目すると、「松平じいちゃん」を責めているのではなく、「松平じいちゃん」ならなんとかできるのではないかという思いから、発した言葉であるとわかります。

120 仕上げテスト 8

解答

1 (1)みどり色・茶かっ色
(2)ゆき・白・見つかり
(3)四つ
(4)(○を　つける　もの)右

指導の手引き

1 (1)第二段落にアマガエルがいる場所によって、色を変えることが書かれています。

(2)動物が体の色を変えるのは、敵から見つかりにくくして、自分の身を守るためです。

(3)一つ目が「アマガエル」の例、二つ目「ライチョウ」、三つ目「ショウリョウバッタ」、四つ目「ハリネズミ」が挙げられています。

(4)選択肢の一つ目は、第三段落に説明されています。「夏から　秋までは、せなかや　むねや　おは、くろ茶色を　して　います。……冬から　春の　はじめまでは、体ぜんたいが　まっ白に　なります。」とあるので、正しいと判断できます。具体的に季節の名前を挙げて説明されている内容と、一つ目の選択肢でまとめて述べられている内容が一致することを確かめます。二つ目は、「草原に　よく　すんで　いる　ショウリョウバッタは、まわりの　色と　おなじような　みどり色を　して　います。」とあるので、誤りとわかります。色が変わるとは書かれていないことに気をつけます。三つ目は、「ハリネズミは、てきに　あうと　体を　まるめて、とげの　生えた　まりのように　なります。」とあるので、誤りとわかります。体の色や形のことは述べられていません。

注意 説明文では、それぞれの説明を丁寧に読み、ふくまれている情報を正確に読み取る必要があります。特に(4)のような問題では、選択肢の内容と比較検討するために、そのことが重要になります。

基礎をかため，応用力をのばすスーパー参考書

小学 自由自在

▶３・４年 国語・社会・算数・理科
▶高学年　国語・社会・算数・理科
▶英　語

●教科書に合ったわかりやすい内容で，勉強を効果的に進めることができます。学習の基礎をかため，応用力をのばします。
●豊富なカラーの写真・資料と親切な解説で，高度な内容もよくわかります。
●くわしいだけでなく，学習することがらをすじ道だてて，わかりやすく解きほぐしてくれるので，楽しく学べて力がつきます。

『３・４年』Ａ５判．カラー版．384～488ページ
『高学年』Ａ５判．カラー版．560～688ページ
『英　語』Ａ５判．カラー版．560ページ

１年から６年まで使える楽しい 漢字読み書き新字典

小学 自由自在 漢字新字典

●小学校で学習する漢字1026字を配当学年順に掲載しました。
●楽しいマンガとゴロ合わせで，漢字がすいすい覚えられます。
●漢字の読み，筆順，部首や画数，意味や熟語，使い方を収録！参考として漢字の成り立ちなども解説しています。
●言葉の知識を深めるために，巻末には同音異義語・慣用句・四字熟語などをまとめました。

Ａ５判．カラー版．480ページ